BRIGITTE EILERT-OVERBECK

mon chaton

• MARABOUT •

SOMMAIRE

1 Typiquement chat

2 La vie rêvée du chat

Bienvenue à la maison ! 3

Une alimentation saine 4

5 Bien soigné et en bonne santé

6 Progresser, jouer et éduquer

Une relation particulière

7

Un problème : que faire ?

8

Annexes

1.

Typiquement chat

Chatons maladroits ou beauté mystérieuse – les chats fascinent les hommes depuis des siècles. Ils nous apprécient également et ils ont de bonnes raisons pour cela.

Ce que tous les chats ont en commun

À quoi rêve un chaton ? Ce félidé pense peut-être à sa prochaine chasse, ou peut-être s'imagine-t-il en « superchat » adorable, qui serait toute sa vie un petit insouciant ? Ces rêves ne sont pas si inaccessibles...

ÉNIGMATIQUES, INSONDABLES, mystérieux, nos petits « tigres d'appartement » sont souvent décrits comme s'ils venaient d'un autre monde. Ce n'est pas tout à fait faux, car ces matous, chasseurs, vivent certainement dans un monde parallèle au nôtre. Là, les règles du combat et de la fuite, de la concurrence et de l'affirmation de soi, de la (sur)vie et de la mort prévalent. Un monde brut, dont nos compagnons ont hérité de leurs ancêtres, les chats sauvages du Proche-Orient.

L'homme, son partenaire

Leurs ancêtres ont transmis autre chose aux chats : leur fascination pour notre monde. Depuis longtemps, les chats y ont trouvé leur place et sont devenus de parfaits animaux domestiques. Un foyer humain représente bien plus pour les chats que pour n'importe quel autre animal. Ils s'y sentent protégés et à l'abri, ils dominent leurs territoires et retrouvent les sensations de leur enfance. Un paradis retrouvé en somme ! Cela serait sans doute bien moins intéressant pour ces félins sans la présence de l'homme. Une fois que le chat est devenu ami avec l'homme, ce dernier devient son principal partenaire. Il lui donne de la chaleur, de l'attention et de la nourriture et se mue en « superchat » : un compagnon qui est certes perçu comme un congénère, mais pas comme un concurrent pour la nourriture ou un rival envers l'autre sexe. Son image est plutôt celle d'une mère. En bref, le chat peut se comporter en enfant lorsqu'il est près des hommes, qu'il soit âgé de quelques semaines ou de quelques années.
Avant de consolider cette relation bien particulière, homme et chat doivent parcourir un long chemin ensemble.

Entre l'homme et le chat, une merveilleuse amitié se noue. Minou reconnaît plus facilement son maître s'il est au niveau de ses yeux.

MON ANIMAL DOMESTIQUE

Mon chaton est-il curieux ?

Bien entendu, votre chaton est curieux, sinon il faudrait vous inquiéter pour sa santé. Ce test vous permettra de découvrir ce qui intéresse votre chaton, ses occupations favorites et ce à quoi il doit faire attention.

Début du test :

- ○ Votre chaton fouille-t-il vos paquets dès que vous revenez des courses ?
- ○ Que se passe-t-il si vous laissez un tiroir de la commode ouvert ? Se glisse-t-il à l'intérieur à la première occasion ?
- ○ Votre chaton vous aide-t-il au ménage, pour défaire le lit, par exemple ?
- ○ Combien de fois par jour le trouvez-vous devant une fenêtre ?

Résultat du test :

Comment tout a commencé : histoire du chat domestique

Égypte ? Soudan ? Asie Mineure ? Il y a encore quelque temps, on ignorait dans quelle région du monde le chat sauvage, ancêtre de tous les chats, avait été domestiqué. Les scientifiques de l'université américaine d'Oxford ont cependant réussi à répondre à cette question en examinant le patrimoine génétique de 1 000 chats environ des quatre coins du monde : le berceau du chat domestique est le même que celui de l'humanité, à savoir la région du Croissant fertile. Les chercheurs ont identifié cinq filiations maternelles dans cette région, qui s'étend de la côte est de la Méditerranée au golfe Persique. Cinq « mères originelles » du Proche-Orient, les ancêtres de nos chats domestiques.

Une proie sous la patte

Il y a environ 10 000 ans, le Croissant fertile a vu débuter la construction de maisons, l'agriculture et le stockage des provisions. C'est alors que des armées de souris se sont attaquées aux réserves entreposées dans les greniers. Les rongeurs ont attiré dans les parages les chats sauvages à leur suite. Une partie d'entre eux a même réussi à surmonter sa peur des humains et a poursuivi ses chasses dans ce nouvel habitat. Cela leur rapportait un bon butin, ainsi que la reconnaissance des fermiers. De fil en aiguille, ces petits chasseurs ont eu leurs portées à proximité des hommes. Les chatons, aussi bien à l'époque qu'aujourd'hui, ont d'abord séduit les femmes et, habitués depuis tout petits au contact des hommes, en sont devenus leurs amis. Cela ne s'est certes pas déroulé du jour au lendemain, mais les dessins retrouvés dans les chambres funéraires égyptiennes le prouvent : depuis au moins 3500 ans, le chat est passé de sauvage à domestique. À cette époque, les Égyptiens élevaient déjà des chats travailleurs et interdisaient sévèrement d'exporter les petits chasseurs.

Moussaillon aux pattes de velours

Cette mesure n'a pas été d'une grande utilité. En effet, c'est par la voie des mers que le chat, pourtant hydrophobe, a étendu sa présence dans le monde entier. Ce sont d'abord les Phéniciens qui les ont apportés par voie de contrebande en Italie, en Gaule, en Grande-Bretagne et en Grèce puis plus tard sur les bateaux de guerre et de commerce des Romains, par lesquels les chats ont atteint le centre de l'Europe. Très vite, presque tous les bateaux partaient avec un chat à bord pour protéger les provisions des souris et des rats. Peu importe où ces passagers clandestins accostaient, ils arrivaient très vite à s'adapter à leur nouvel environnement (→ page 23).

Enfer et paradis

Dans l'ancienne Égypte, le chat était considéré, comme beaucoup d'autres animaux tels que le faucon, le chien et la vache, comme un animal sacré. Ra, le dieu Soleil, prit la forme d'un chat lorsqu'il vainquit le Serpent des ténèbres. La déesse de la Lune, Bastet, qui incarne l'amour, la fécondité et l'abondance, est représentée avec un corps de femme et une tête de chat; des chats s'ébattaient d'ailleurs dans ses temples. Nos compagnons sont également honorés en Asie. En Occident, ils accompagnent les déesses, la déesse romaine de la Lune, la déesse de la chasse Diane ou la déesse germanique de l'amour et de la fécondité Freyja. Selon la légende, la mère des dieux appréciait les chats et leur avait dessiné un « M » (pour Maria) sur le front. Ils ont longtemps été bienvenus au sein des cloîtres, et pas seulement parce qu'ils en chassaient les souris. Pourtant, au Moyen Âge, l'Inquisition s'est lancée dans une chasse aux hérétiques, aux sorcières et aux esprits et les croyants fanatiques se sont mis à considérer le chat comme un envoyé du diable. Pendant des siècles, les chats ont

Voilà qui étonne même un chaton curieux : une statue de la déesse égyptienne Bastet.

1 **Pause chasse :** le léopard s'est retiré dans un arbre et se fond avec le décor. Le début de sa course en chasse est difficile à observer.

2 **Camouflage parfait :** même le chat sauvage s'adapte parfaitement à son environnement. Ses ancêtres du Proche-Orient sont les parents de tous les chats que nous connaissons dans le monde entier.

3 **Un tigre domestique :** notre chat sauvage domestique possède lui aussi un pelage qui lui sert de camouflage. Il vit surtout dans les territoires forestiers des montagnes moyennes.

été persécutés et tourmentés avec la bénédiction de l'Église et de la Justice, ont été éliminés de toutes les façons imaginables et enfin éradiqués d'Europe. Ce n'est qu'au XVIIIe siècle et avec la démystification de cet animal que cette folie cruelle a pris fin.
Depuis, le prestige du chat ne cesse de croître. Après que Louis Pasteur a découvert l'importance de l'hygiène, le félin est même devenu un modèle de propreté. Le XIXe siècle voit apparaître l'élevage ciblé de chats de race. Aujourd'hui, les chats sont les animaux domestiques préférés dans le monde entier. Et lorsque la compréhension s'ajoute à l'amour, toutes les conditions sont réunies pour une bonne relation.

Des ancêtres sauvages

Vous le savez bien, on comprend mieux les choses quand on connaît leur contexte. Cela vaut également pour les chats. Il appartient à la famille carnassière des félidés (sous-famille : félinés). Elle regroupe également les félinés, les pantherinae et les guépards, soit 38 espèces. On retrouve dans cette famille les poids lourds tels que le lion, le tigre et le léopard, de magnifiques animaux, comme le serval, le tigre du Bengale et l'ocelot, le chat sauvage que nous connaissons, le puissant puma (qui fait partie des félins) et le minuscule chat à pattes noires.

Caractéristiques typiques du chat

Un coup d'œil suffit pour voir que ces animaux sont des félidés. En effet, ils présentent de nombreuses caractéristiques communes :

- un corps souple et habile avec un pelage assez court, la tenue de chasse parfaite ;
- une tête plutôt ronde ou anguleuse avec un museau court et une dentition caractéristique des carnassiers ;
- de grands yeux orientés vers l'avant avec une couche réfléchissante sous la rétine qui permet d'augmenter la luminosité lorsqu'elle est insuffisante ;

- des muscles auriculaires mobiles orientés vers les sources de bruit ;
- des pattes avec des coussinets renforcés et des griffes rétractiles pour avancer sans un bruit. Seul le guépard garde ses griffes sorties au repos ;
- différences peu marquées entre le mâle et la femelle, à l'exception du lion et de sa crinière ;
- modes de communication similaires (langage oral, corporel et signaux odorants).

Chacun chasse pour soi

Qu'ils soient petits ou grands, les chats sont tous des chasseurs nés et il n'est pas étonnant de retrouver cet instinct profondément ancré chez nos compagnons. À l'exception des lions, les chats chassent généralement seuls. Leurs techniques varient peu : ils épient leur proie, placés en embuscade, s'approchent à pas feutrés, attendent le bon moment et l'attaquent en un éclair puis l'achèvent d'une morsure précise. Le guépard, lui, se livre à une course sur 50 à 100 m après la proie qu'il a guettée. Il est capable de surprendre en pleine course et de vaincre la gazelle qu'il poursuit.

La plupart des chats règnent seuls sur leur territoire et ne s'intéressent à l'autre sexe que pour s'accoupler, ce qui s'effectue généralement par la force. Ce sont essentiellement les mères qui élèvent les petits. Les femelles rapprochent leur petit territoire de celui des mâles dans le seul but de protéger au mieux la trans-

ASTUCE

Petit exercice de communication

Les chats et leurs ancêtres sauvages émettent les mêmes signaux. Vous pouvez faire le test quand vous irez au zoo près de l'enclos des félins : lorsqu'un animal regarde dans votre direction, fermez lentement les yeux, il vous répondra sûrement en clignant des yeux. Pour les chats, cela équivaut à un sourire amical.

Une chatte est occupée en permanence par ses petits.

mission des gênes. Il n'est donc pas étonnant que les chattes protègent leur territoire avec bien plus d'acharnement que les mâles : elles doivent, dans des conditions limitées, alimenter et protéger leurs petits. C'est un héritage qu'ont reçu nos amis à quatre pattes : les mâles sont en effet plus tolérants envers les nouveaux venus que les femelles.

Un solitaire sociable

Il suffit de regarder ce qui se passe avec leurs congénères sauvages pour savoir ce que signifie le terme convivialité pour les chats : les lions vivent en bandes organisées et les guépards, surtout les mâles, forment des groupes. Les tigres sont plus connus pour opter lors de leurs brèves rencontres nocturnes pour la formule « bonjour/au revoir ! » Leurs rugissements leur permettent également de communiquer sur de longues distances. Chez les lynx roux, les pères participent à l'éducation de leurs petits, ne serait-ce que partiellement. De leur côté, les pères tigres et léopards jouent avec leurs petits. De la même façon, les chats ne sont pas aussi asociaux qu'on le prétend. Cela vaut également pour toute la famille des félidés : les chatons ont besoin, outre de leur mère, de la compagnie de leurs frères et sœurs pour découvrir la vie et s'entraîner.

Les étapes de développement du chat

Les chatons naissent aveugles, presque sourds et sans défense. Cela n'empêche pas de voir les sens, les corps et les aptitudes de nos amis évoluer à une vitesse étonnante. Ainsi, à deux semaines, un chaton est capable de sortir ses griffes et à trois semaines, ses premières dents de lait apparaissent et il explore désormais le monde non seulement avec son goût et son odorat, mais aussi de plus en plus avec ses yeux. Une semaine après, il entend parfaitement bien et goûte aux aliments solides. Au bout de cinq semaines, il commence à jouer (de préférence avec la queue de sa maman). Âgé de six semaines, il escalade, saute et s'agite partout. À cet âge, il fait lui-même sa toilette, il sait utiliser la litière et sa dentition de lait est complète.

Jour après jour, le chaton est de plus en plus habile et il développe en permanence ses aptitudes en jouant avec sa mère et ses frères et sœurs. Au bout de huit semaines, il est sevré, mais pas pour autant autonome : c'est en famille qu'il apprend les comportements des chats adultes, qu'il s'agisse du salut amical ou d'une bagarre virulente. Lorsqu'un chat de 12 à 16 semaines arrive dans une

La croissance du chat
d'un seul coup d'œil

Après quelques jours

Les chatons nouveau-nés sont aveugles, presque sourds et complètement dépendants de leur mère. Cependant, ils sont dotés dès leur naissance d'un odorat et d'un goût développés. Leurs sens les guident vers les mamelles maternelles.

Après 6 semaines

Le chaton se nourrit, fait ses besoins et se nettoie tout seul. Il est chaque jour plus entreprenant et curieux, surtout lorsqu'il s'agit de protéger la maison des dangers potentiels.

Après 3 semaines

Son ouïe et sa vue s'affinent, mais cette étape est délicate. Le chaton n'est pas encore capable de réguler sa température corporelle et il a besoin de la chaleur corporelle de sa mère et des autres chatons.

Après 8 semaines

Les petits apprennent les comportements de l'adulte en jouant ensemble ou avec des objets. Après 12 semaines, l'apprentissage avec la mère se termine. Leur acuité visuelle est acquise, de même que les autres sens.

Un corps souple, des sens en éveil et **d'autres qualités** font du chat un parfait chasseur, y compris pour le matou qui occupe votre maison.

nouvelle famille, il commence à avoir ses premières dents définitives, sa vue est perçante comme celle d'un aigle, son ouïe digne d'un lynx et son corps souple comme celui d'un contorsionniste. Il sait déjà presque tout ce qu'un chat doit savoir.

Le temps des apprentissages

La façon dont le chaton va s'adapter à son nouveau foyer dépend beaucoup de cette phase délicate. Elle se situe entre la deuxième et la fin de la septième semaine du chat. Si le chaton a eu une expérience positive lors de la découverte de son environnement, il explorera son nouveau cadre de vie en toute confiance. Cela posera également des jalons importants pour la suite, car un chaton qui a appris le contact par les caresses, les jeux et les câlins dès les premières semaines de sa vie se montrera en général plus proche des hommes pendant son enfance.

ASTUCE

Rendre l'eau attirante

Les chats qui mangent des aliments secs doivent boire de l'eau. Cependant, si le bol est situé trop près de la gamelle, il sera ignoré, car perçu comme un aliment sans odeur. Placez-le plutôt sur le bord de la fenêtre : ainsi, le chaton pourra, comme ses ancêtres sauvages, quitter l'endroit où se trouve la nourriture pour atteindre le point d'eau.

L'empire de la passion

Au bout de six mois, le chaton possède enfin sa dentition définitive complète. Quelques semaines plus tard, un problème se pose. Les mâles se mettent en effet à laisser des empreintes marquées tandis que les femelles se roulent sur le sol et émettent des ronronnements hauts et profonds. Les deux sexes ont envie de se reproduire et il est grand temps de prendre rendez-vous pour faire castrer votre animal, sans quoi vous risquez d'avoir une portée et un chat encore trop jeune pour mettre au monde et éduquer ses petits. Une chatte est complètement développée sur le plan physique au mieux à l'âge d'un an et demi, alors que les mâles ont besoin de quelques mois de plus.

L'héritage des chatons : un corps de chasseur

Les acrobates et les athlètes ont toutes les raisons d'être jaloux. En effet, nos chats reçoivent à la naissance ce qu'eux mettent des années à acquérir à la sueur de leur front : une maîtrise de leur corps et une mobilité incomparables.

Squelette : une ossature légère, mais stable, une colonne vertébrale très élastique et environ 500 muscles mobiles fonctionnent ensemble dans le corps du chat. Une cinquantaine de vertèbres permettent au chat de se tordre, se tourner et de s'étirer comme bon lui semble ou de se rouler en boule. Grâce à ses vertèbres du cou particulièrement

Attention, le chasseur approche ! Grâce à son corps souple et agile, le chat effectue des sauts précis.

souples, le chat peut tourner la tête assez loin, ce qui est important lorsqu'il a besoin d'un aperçu sur ce qui l'entoure. De la même façon, ses vertèbres lombaires lui permettent non seulement de faire de grands sauts, mais aussi de se retourner. Les vertèbres élastiques de sa queue permettent au chat de se diriger en plein saut et de garder l'équilibre sur des surfaces étroites, comme le funambule sur une corde. Les mouvements et le positionnement de sa queue font également partie du langage du chat (→ pages 114 et suivantes). Comme les clavicules du chat ont été réduites, avec l'évolution, à de minuscules fragments d'os, seuls les muscles et les ligaments relient les omoplates et la colonne vertébrale. Ces épaules souples lui confèrent l'attitude du carnassier, avec des pattes placées exactement l'une devant l'autre : ainsi, il peut se cacher très profondément dans l'herbe et se faufiler et paraît très fin.

Pattes : les chats se déplacent sur la pointe des pattes. Cela leur permet ainsi de faire des sprints rapides, de sauter et de changer de direction en pleine course. Une couche épaisse de tissus conjonctifs et gras capitonne les coussinets et une couche épaisse de corne les protège des blessures. Tels des baskets de qualité, les coussinets épais donnent au chat une démarche silencieuse et, lorsqu'il saute, l'aide à amortir ses sauts et à freiner. Les pattes avant contiennent cinq griffes, les pattes arrière en possèdent quatre. Afin de ne pas faire de bruit ni avertir les proies éventuelles de leur présence de ce chasseur, les griffes restent rentrées. Elles ressortiront en un éclair s'il faut les utiliser pour se battre, pour escalader ou pour s'accrocher.

Poil : un pelage soigné et intact protège le chaton des blessures, du vent, de la pluie, du froid et les rayons UV nocifs. Pour la plupart des chats des chats, il se compose de bourre (sous-poils) isolante ainsi que de jarre (lui-même composé de poils sensibles et de barbe). Lorsqu'il fait froid, les poils s'alignent et forment une épaisseur protectrice qui évite les pertes de chaleur. Le jarre réagit sous l'effet de la peur, de la colère et de l'excitation en se hérissant et informe de l'état émotionnel du chat. Ses glandes produisent le sébum qui donne au pelage sa brillance et le rend imperméable. Et ce n'est pas tout : le cholestérol contenu dans le sébum est transformé par la lumière du soleil en vitamine D. Ainsi, une partie des besoins du chat en vitamine D peut être couverte par des bains de soleil. Et s'il a trop chaud, Minou se nettoie et aère ainsi son pelage.

Dents : la mâchoire typique et carnassière du chat est l'outil de chasse idéal. Avec ses crocs en forme de poignard, il attaque sa proie par le cou, la tient et la tue. Les dents très pointues des mâchoires inférieures et supérieures forment un ciseau qui découpe littéralement la viande. Ses minuscules canines servent moins à se nourrir qu'à nettoyer le pelage du chat.

Un animal à six sens

On dit parfois que les chats ont plus de cinq sens. Reste à prouver qu'ils disposent réellement de ce fameux sens magnétique qui leur permet de retrouver leur chemin à une longue distance de celui-ci ou de prédire avec exactitude les tremblements de terre. Il n'en reste pas moins un animal étonnant.

Vue : les chats ont un champ de vision à 280°, ce qui leur confère une vue d'ensemble formidable sur leur territoire. Leur acuité visuelle est comparable à la nôtre, ce qui ne les empêche

Envie de bagarre ? Se coucher sur le dos n'est pas un signe de soumission, mais plutôt de défense. Si nécessaire, le chaton est prêt à se servir de ses 18 griffes.

2 **Variable :** Si la luminosité se modifie, les pupilles s'adaptent instantanément. De plus, l'œil du chat est recouvert d'une couche réfléchissante qui agit dans l'obscurité pour renforcer la lumière.

1 **Pleine lumière :** Pour éviter l'éblouissement, les pupilles se resserrent à la lumière pour ne former qu'une fente étroite.

3 **Obscurité :** Plus il fait sombre, plus la pupille s'agrandit. Ainsi, le chaton peut saisir et utiliser toutes les intensités de lumière.

pas de remarquer de tout petits gestes. En revanche, ils voient beaucoup mieux que nous dans l'obscurité ou lorsque la lumière est faible. Cela s'explique en partie par les pupilles du chat, qui peuvent, selon la lumière, passer d'une fente étroite à un rond qui prend l'ensemble de l'œil ainsi que par la partie réfléchissante située au fond de son œil. Cette dernière renforce la luminosité pour que ce félin puisse accomplir son devoir et chasser les souris même dans l'obscurité. Dans l'ombre, cette couche réfléchit la lumière dès qu'elle arrive dans les yeux du chat.

Ouïe : rien n'échappe aux oreilles des chats. Ils entendent des sons aigus à une fréquence de plus de 60 kHz, des sons imperceptibles pour nous. Qu'il s'agisse du cri éloigné d'une souris ou de l'ouverture de la porte du réfrigérateur, le chat entend tout dans son sommeil et perçoit une multitude de sons. Les muscles de ses oreilles, qui leur permettent de tourner à 180°, l'aident à repérer sans effort l'origine du son.

Goût et odorat : la langue du chat contient relativement peu de boutons gustatifs. Pourtant, il est capable de faire la différence entre le salé, l'acide, l'amer et l'umami (goût fort qui rappelle la viande), mais il ne détecte pas le sucré. Il se sert essentiellement de son odorat pour contrôler sa nourriture. Le chat accepte ce qui sent bon selon lui et rejette les aliments dépourvus de parfum. Lors de leurs comportements sociaux et d'accouplement, l'odorat joue également un rôle important : une part importante du langage du chat se compose de signaux olfactifs. Le nez n'est

Lorsqu'ils jouent, les chats sont capables de performances réellement artistiques.

cependant pas le seul organe olfactif du chat : l'organe de Jacobson, situé en haut du palais, qui leur permet de saisir les odeurs les plus agréables en adoptant une attitude caractéristique : ils ouvrent la gueule en fermant les yeux, et peuvent humer ce parfum.

Toucher : ses moustaches particulièrement sensibles situées au niveau de la gueule, au-dessus des yeux et à l'arrière des pattes avant servent à ressentir les obstacles et même des courants d'air légers. Ils permettent aux chats de se déplacer dans une obscurité profonde. Leur moustache leur sert également à se renseigner sur le pelage de sa proie et à tester des objets inconnus. Leur sens du toucher ne réside pas seulement dans les poils tactiles, son corps entier perçoit les contacts. Enfin, ses coussinets sensibles peuvent tout à fait ressentir les chocs, comme ceux d'une souris qui s'agite sous le sol ou prédire un tremblement de terre...

Équilibre : les chats ont un sens de l'équilibre légendaire. Leur organe spécial situé en profondeur dans l'oreille interne informe le cerveau de l'emplacement précis de chaque partie du corps. Les réflexes correspondants sont alors déclenchés en cas de chute d'une hauteur importante par exemple (réflexe de se tenir debout). Ce réflexe aide le chat à se retourner dans sa chute pour atterrir sur ses pattes. Son pelage sert alors en quelque sorte de parachute et freine le chat. Une partie des secousses est absorbée, mais pas toutes.

Comportement : le code familial du chaton

Pourquoi les chats n'obéissent-ils pas comme les chiens? Pourquoi n'apprécient-ils pas que l'on change la place des objets de la maison? Pourquoi dorment-ils deux fois plus que nous et essaient-ils d'attraper tout ce qui bouge, même lorsqu'il s'agit du pied de leur maître qui sort dessous la couette? Tout cela est lié aux ancêtres du chat (→ pages 10-11). Au cours de son évolution, le chat a développé son propre code de conduite que suivent tous les félidés, y compris le chat domestique.

Négocier au lieu d'obéir

La chatte se montre très autoritaire avec ses petits jusqu'à ce qu'ils aient bien appris les leçons de la vie. Si l'un d'entre eux se permet une escapade hors du nid, elle le reprend et le remet avec ses frères et sœurs. Plus tard, cette autorité disparaît de la vie du chat. Cela s'explique par la structure sociale du félin : si l'on exclut les périodes d'accouplements et l'enfance, les chats passent l'essentiel de leur vie seuls et chassent pour eux-mêmes.

Pas de vie en bande, pas de hiérarchie, pas de chef, les chats n'obéissent qu'à eux-mêmes. Ils s'accommodent cependant bien de la présence de leurs congénères, qu'il s'agisse des chemins communs qui mènent à leurs propres territoires ou des zones défendues, desquelles les chats s'approchent à pas feutrés. Pour ne pas se marcher sur les pieds et éviter ainsi des combats épuisants, ces animaux utilisent des chemins communs et partagent leurs postes d'observation. Ils négocient le moment où l'un d'entre eux peut prendre place près du rideau. D'ailleurs, c'est parfois à ce moment-là qu'il finit en lambeaux. Une fois que la négociation est établie, les chats se tiennent à la devise « vivre et laisser vivre ». Même les plus teigneux se montrent la plupart du temps magnanimes : lorsqu'un animal inférieur à eux croise par hasard leur chemin, ils lui laissent l'opportunité de s'effacer. Ce solitaire notoire veille constamment à se montrer poli avec son voisinage. Les rambos en puissance confirment cette règle.

Pas de malentendus

Si on veut mener des négociations, il faut pouvoir se faire comprendre. Ce

▲

1 **S'approcher** Ce petit chasseur guette avec une grande concentration, même lorsqu'il joue dans l'appartement. Au ras du sol, il s'approche de sa proie et se prépare à la tuer.

2 **Capturer** Le chaton saisit sa proie d'un bond et commence par l'observer prudemment. Ensuite, il doit affaiblir un peu sa victime. Après cela, il est temps de recommencer à jouer.

▼

n'est pas un problème pour la famille des félidés, car elle a développé son propre langage (→ pages 114-115), composé de signaux sonores, de langage corporel et de signaux olfactifs. Cela peut sembler au premier abord inhabituel pour un animal essentiellement solitaire, mais en y regardant de plus près, c'est logique : dans la nature, les chats rencontrent rarement leurs congénères. Leurs messages doivent donc être clairs. En cas de malentendus, ils peuvent rapidement en venir à se battre et se mordre. En revanche, un langage clair leur permet d'éviter les bagarres.

Que peuvent bien se dire des chats entre eux? Ceux qui se connaissent et s'apprécient se saluent de nez à nez et font entendre un ronronnement amical avant de reprendre leur chemin. Celui qui se trouve sur le chemin d'un territoire étranger et qui ne veut ni provoquer, ni être provoqué par ses habitants évitera de tenir sa tête haute et baissera le regard. En effet, la communication est également possible sans contact direct, car un chat qui rôde dehors laisse aussi des marques olfactives. Un chat dominant (et parfois des chats en chaleur) répand son urine que ses congénères commentent avec leurs propres marques. Les autres signaux sont plus subtils : les griffures sur les troncs d'arbre portent des marques olfactives provenant des glandes situées entre les doigts. De la même façon, un chat qui se frotte les joues ou les flancs sur un objet y laisse son parfum (reconnaissable seulement par les chats). Les chats sont plus sociables qu'on le dit et leur répertoire contient aussi du « vocabulaire » réservé aux contacts « détendus ». En outre, la plupart d'entre eux apprécient occasionnellement une sieste câline avec leurs semblables. Dans certains endroits, les chats du quartier se réunissent la nuit dans le but d'établir une réunion pacifique. Dans les territoires plus importants, les mâles passent des accords de « fraternité » qui les amènent

LE SAVIEZ-VOUS ?

Ronronner, c'est plus que communiquer !

Les chats ronronnent lorsqu'ils sont contents ou qu'ils ont besoin d'être apaisés, mais aussi pour se donner du courage. De nouvelles recherches montrent que les vibrations produites renforcent la structure osseuse du chat et accélèrent le rétablissement des os blessés. Il reste cependant à savoir si le fait d'avoir un chaton ronronnant sur les genoux renforce les os humains. En tout cas, cela fait déjà du bien à l'âme.

Son système de communication très **développé et complexe** permet au chat d'éviter les situations stressantes lors de rencontres avec ses congénères.

à chercher les femelles et les ennemis ensemble. Il n'est pas non plus rare de voir de véritables « colonies » de chats vivant dans la nature qui s'entraident dans l'éducation des petits.

Rien de nouveau sur le territoire

Le cœur de son territoire est pour le chat le centre absolu de sa vie. C'est là qu'il dort et se repose, c'est là qu'il se sent en sécurité et peut manger sans être dérangé. Le chat en connaît chaque buisson, chaque touffe d'herbes, chaque pierre. S'il vit dans un foyer humain, son territoire principal se situe alors dans l'appartement ou la maison, dont il connaît chaque meuble et chaque recoin. Toutes les informations sont mémorisées afin de pouvoir se repérer à l'aveugle, y compris dans une obscurité totale ou s'il doit s'échapper brusquement. Si un changement a lieu, il faudra que le chat créé une nouvelle image mentale du lieu avant de s'y sentir à nouveau en sécurité. Ainsi, il peut être stressé si les meubles sont régulièrement changés de place. Dans un périmètre plus étendu (qui comprend les pièces dans lesquelles il séjourne moins souvent), ce félin sera moins gêné par des changements fréquents. Ils n'en seront pas moins étudiés avec soin.

La force réside dans le calme

Les moments propices à la chasse (de préférence dans l'obscurité) sont limités ; il est en effet néfaste de rôder lorsque d'autres chats ont droit de passage sur le territoire et parfois, le temps empêche également la promenade. Que fait donc notre matou en attendant ? Il se nettoie (cela peut lui prendre jusqu'à trois heures par jour) et toujours et encore une petite sieste. Ce petit chasseur cumule près de 16 heures de sommeil et ce chiffre monte même à 18 à 20 heures pour les chatons. Le chat, un paresseux ? Pas vraiment ! En réalité, le chat ne dort profondément que quelques minutes et seulement dans un lieu où il se sent complètement en sécurité. Les phases de son sommeil sont si légères qu'il est éveillé (et plein d'énergie) au moindre petit bruit. Ce sommeil léger est en fait la source d'énergie de nos félins, grâce à laquelle ils rechargent leurs batteries.

Quelque chose ne va pas ? Se nettoyer est parfois le signe d'une gêne. ▸

Le carnassier s'adoucit...

Les félidés vivent de la chasse, une activité également profondément ancrée chez nos chats domestiques. Ils guettent les souris et les autres rongeurs, les oiseaux, les insectes, les grenouilles et tout ce qui bouge, et les chassent avec plus ou moins de succès. La chasse ne fait pas exception pour les véritables chats d'appartements. En effet, ils s'assoient devant la fenêtre et miaulent après un oiseau qui passe, poursuivent les oiseaux ou courent après leurs jouets quand un humain s'amuse avec eux. D'ailleurs, si leur maître ne joue pas avec eux, mieux vaut faire attention à ses mollets, car un chat frustré passera sa colère sur ces derniers. Gare au pied qui dépasse de la couette : grand comme un rongeur, qui bouge et sur lequel la lumière se pose dans l'obscurité de la nuit... Cette « souris » étrange, il faudra bien que le chaton la morde au moins une fois.

Quel espoir la maman chat a-t-elle suscité chez son petit ? La position du chaton témoigne de sa grande curiosité, mais aussi d'un peu d'inquiétude.

Des races qui ont la classe

Persan, Siamois ou Birman, toutes les races de chat, y compris nos chats domestiques, descendent des cinq mères originelles de la région du Croissant fertile. Et ils ont tous la même élégance, du chat noble à l'animal de ferme.

L'ORIGINE des différentes races a été posée lorsque les chats sont arrivés par bateau depuis le Proche-Orient dans le monde entier. Ces « immigrants » se sont très bien habitués aux différents environnements. Dans les pays chauds d'Asie du Sud-Est, ils ont acquis une conformation plus fine avec des poils courts – ancêtres du Siamois, du Birman et de l'Abyssin. Dans les régions au climat plus froid, leur corps a pris un aspect plus trapu avec un sous-poil épais : nos chats domestiques se rattachent à ces ancêtres, dont sont issus les Européens, le British shorthair ainsi que d'autres races robustes. Dans les régions arides, comme les hauts plateaux d'Asie Mineure, le chat a développé une longue fourrure avec un sous-poil épais : l'origine de nos chats persans. Afin de s'adapter à des climats rigoureux et après des croisements entre des chats à poil long ou court sont nés les premières races à poil mi-long comme le Maine Coon, le Chat des forêts norvégiennes et le Sibérien.

Les jeunes « nobles »

L'élevage systématique des chats de race a débuté il y a seulement 150 ans. On recense aujourd'hui entre 40 et 50 races, ainsi qu'un nombre incalculable d'associations et de syndicats d'éleveurs regroupés en plusieurs organisations (→ page 141). Ce sont elles qui fixent les règles d'élevage et les normes propres à chaque race. Toutes les races ne sont pas reconnues par toutes les associations et toutes ne font pas l'unanimité. L'élevage associé à des modifications génétiques pose problème, car ses spécificités s'accompagnent de « défauts » notables, comme le Manx sans queue ou le Scottish fold aux oreilles repliées vers l'avant. Le débat existe également en ce qui concerne le Sphinx nu, les Persans au nez très court ou les Siamois, dont la tête est particulièrement réduite. Heureusement, vous trouverez de nombreuses races de chat incontestées et sans problème (→ pages 24 à 29).

ASTUCE

Accumuler des expériences

Rendez-vous à la prochaine exposition féline, même si vous ne souhaitez pas acquérir un chat de race (de toute façon, mieux vaut éviter de le faire lors d'un tel événement). Vous pourrez ainsi voir des chats très différents, discuter avec des amateurs passionnés et apprendre beaucoup de choses.

Abyssin

Caractéristiques physiques : taille moyenne, mince, musclé. Longues pattes avec une queue longue effilée. Tête légèrement triangulaire avec de grandes oreilles écartées et des yeux en forme d'amande. Pelage soyeux court et épais avec des bandes noires alternées sur chaque poil (ticking) visible sur les jeunes animaux dès leur sixième semaine.
Caractère : Curieux, dynamique, joueur, possède des sens en éveil ; parfois peureux. Sociable, s'entend bien avec les autres animaux, n'aime pas être seul. Très affectueux ; s'exprime avec discrétion.
Comportement : Chasseur passionné, il aime les promenades en toute liberté, a besoin en appartement de beaucoup d'espace, d'accessoires d'escalade et de jeu.

Mau égyptien

Caractéristiques physiques : Mince, mais équilibré, rappelle les représentations du chat dans l'Égypte ancienne. Tête triangulaire et arrondie avec un front large, de grandes oreilles et des yeux vert clair. Poil court, avec alternance de bandes noires et de taches foncées sur fond clair. Bandes noires sur les pattes et anneaux sur la queue. Chez les chatons, ce patron apparaît progressivement.
Caractère : Regard un peu inquiet ; animal gai, curieux, vivant et joueur. Très affectueux et sociable, quoique méfiant.
Comportement : A besoin de stimulation et d'attention ; apprend souvent volontiers de petits tours. Court et saute avec plaisir ; les chats d'appartement doivent également pouvoir le faire. Son pelage soyeux court ne nécessite que peu de soin.

Bengal

Caractéristiques physiques : Grand, mince, musclé, petit « léopard » au poil tacheté. Tête large et ronde avec de grands yeux et des patons (renflement des moustaches) très developpés. Chez les chatons, le motif du pelage apparaît progressivement.
Caractère : Conciliant avec ses congénères et les autres animaux, très affectueux avec les humains et bavard : très actif, dynamique, curieux et joueur. Les Bengals aiment souvent l'eau, héritage du chat du Bengale sauvage, qui fait partie de ses ancêtres.
Comportement : Vivre en appartement est possible si ce chat a suffisamment d'espace pour sauter, escalader et bouger et s'il a des congénères (peu importe leurs races) avec qui jouer. Cependant, l'homme reste son partenaire de jeu préféré.

Birman

Caractéristiques physiques : Corps puissant et musclé sur des pattes robustes ; poil clair, soyeux et mi-long avec un motif sombre sur le visage, les oreilles et les pattes et sur sa queue touffue. Gants blancs aux pattes avant et arrière ; yeux bleus lumineux. Les chatons nouveau-nés ont un poil court et blanc.

Caractère : Un petit ange parmi les chats, doux, amical et sociable, patient avec les enfants. Un tempérament plutôt calme, mais aussi joueur, doux et, contrairement à son ancêtre siamois, silencieux.

Comportement : Chat idéal pour les familles ; se plaît en appartement. Ses maîtres devront trouver chaque jour le temps de jouer avec lui et de s'occuper de son pelage, en particulier pendant la mue.

British shorthair

Caractéristiques physiques : Corps arrondi, trapu, pattes courtes et robustes et queue puissante. Son pelage épais et pelucheux rebique légèrement. Tête large avec de petites oreilles très écartées et de grands yeux ronds de couleur cuivrée ou orange. On en trouve de presque toutes les couleurs et ils sont souvent appelés « ourson » parce qu'ils rappellent les ours en peluche.

Caractères : Calme et simple, caractère équilibré. Affectueux, mais jamais envahissant, voix douce. Chat idéal pour les familles, s'entend bien avec ses congénères ainsi qu'avec les autres animaux.

Comportement : Vit sans problème en appartement, mais apprécie aussi un jardin. Assez casanier, il préfère rester assis plutôt que des jeux effrénés.

Burmese

Caractéristiques physiques : Mince, presque frêle, mais trapu et musclé. Poil court, brillant et soyeux ; masque sur le visage, oreilles, jambes et queue plus foncées que le reste du pelage, soyeux et brillant. Tête triangulaire aux lignes arrondies, stop du nez bien marqué ; grands yeux dorés à ambrés.

Caractère : Dynamique, curieux, joueur. Apprécie les autres chats et recherche sans cesse la compagnie de ses maîtres. Très bavard, mais miaule moins fort que le Siamois.

Comportement : A besoin de beaucoup d'attention, de jeu et de soin ; mieux vaut éviter qu'il soit le seul chat de la maison. Des heures de jeu sont indispensables, surtout si le chat vit en appartement. Son pelage court ne nécessite que peu de soin.

Européen à poil court

Caractéristiques physiques : Ressemble au premier abord aux chats habituels vivant dans nos campagnes, élevés depuis plusieurs générations. Puissant et musclé ; grande tête ronde et poil épais et court ; nombreuses couleurs.
Caractère : Simple, intelligent et accommodant. Affectueux, mais aussi autonome. Attitude équilibrée. S'entend généralement bien avec les autres animaux et peut vivre dans une famille avec des enfants turbulents.
Comportement : Peut vivre en appartement, mais il doit au moins posséder un balcon sécurisé : c'est un chat qui aime l'air frais, même lorsque la température est basse. Poil court, facile à entretenir, nécessite un peu d'aide pendant la mue, doit être peigné et brossé.

Chartreux

Caractéristiques physiques : Chat grand et puissant au pelage uni bleu-gris. Buste large, tête ronde, oreilles hautes et de taille moyenne ; grands yeux orange ou cuivrés. Son pelage souple et court au sous-poil épais rebique un peu, comme la fourrure d'une loutre.
Caractère : Calme, équilibré, amical et sociable, même avec les autres chats. Plus posé qu'agité, aime les caresses, mais a également besoin de beaucoup de calme.
Comportement : Vit sans problème en appartement. Le Chartreux n'est pas un joueur passionné ni un aventurier, mais il apprécie qu'on lui porte une douce attention. Son sous-poil épais nécessite qu'on l'aide dans l'entretien quotidien de son poil. Beaucoup s'adaptent facilement à la laisse et aux vêtements.

Maine Coon

Caractéristiques physiques : Grand, puissant, robuste ; pelage épais et mi-long et queue très touffue (qui rappelle celle du raton laveur – *raccoon* en anglais). Tête anguleuse au menton puissant ; oreilles très écartées, intérieur couvert de touffes de poils, légèrement en épi ; grands yeux, collerette fournie.
Caractère : Nature entreprenante et équilibrée ; sociable, mais très indépendant. Plus joueur que câlin, le Maine Coon aime rapporter des objets.
Comportement : La vie en appartement peut poser problème, car ce chasseur de souris aime sortir (par tous les temps) et est d'ailleurs équipé pour le faire. Nécessite de l'aide dans l'entretien de son pelage, surtout en hiver.

Norvégien

Caractéristiques physiques : Corps puissant et robuste ; tête triangulaire avec un nez droit ; grandes oreilles surmontées d'un pinceau de poils ; pelage mi-long avec un sous-poil épais et brillant ; jarre imperméable. Grâce à ses favoris bien taillés, à sa collerette et à ses longues « culottes » situées aux pattes arrière, il est parfaitement équipé contre l'eau.
Caractère : Sociable, mais indépendant, pas du genre à rester sur les genoux. Apprécie quelques caresses avant de retourner à ses activités.
Comportement : Difficile à garder en appartement, ce chat aime, par tous les temps, courir dehors, chasser les souris et escalader les arbres (spécialité du Norvégien : descendre la tête en avant). Nécessite de l'aide dans l'entretien de son poil.

Persan

Caractéristiques physiques : Grand, puissant, trapu, pattes courtes et fortes, queue touffue. Grande tête ronde avec de grands yeux brillants et un petit nez large à l'arête claire, avec un stop marqué entre le nez et le front. Pelage épais, long et soyeux. Sa tête est entourée d'une collerette qui ressemble à une crinière dans laquelle ses petites oreilles légèrement arrondies disparaissent presque.
Caractère : Calme, équilibré, très affectueux, mais discret et silencieux. Aime les jeux qui ne sont pas trop agités et préfère les câlins tendres aux câlins « agités ».
Comportement : Peut vivre en appartement. Les Persans ont besoin de beaucoup d'attention et, chaque jour, d'au moins une demi-heure de soin de leur fourrure, si possible en respectant un rituel de toilettage.

Ragdoll

Caractéristiques physiques : Grand, lourd, imposant ; pattes courtes ; tête large et triangulaire, buste large et queue touffue. Pelage très souple, mi-long et épais, grands yeux légèrement ovales d'un bleu lumineux.
Caractère : Un rayon de soleil dans un pelage soyeux ! Très accommodant, sociable, calme et paisible, et aussi affectueux et joueur, mais totalement indépendant. Se détend complètement dans les bras de son maître jusqu'à devenir mou, d'où son nom (poupée de chiffon, en anglais).
Comportement : Compagnon aimant des célibataires, mais aussi des familles avec enfants. La vie en appartement ne pose aucun problème ; un nettoyage du pelage quotidien est nécessaire, mais pas obligatoire, car les poils tombent en petits amas.

Bleu russe

Caractéristiques physiques : Élégant, mince, mais athlétique. Tête triangulaire avec de grandes oreilles, nez droit, patons visibles et yeux verts lumineux en forme d'amande. Fourrure avec sous-poil, épaisse, bleu gris avec de légères touches argentées provenant de la pointe transparente des poils.
Caractère : Calme, discret, presque timide. S'entend bien avec les autres animaux et développe un lien très fort avec ses maîtres.
Comportement : C'est le chat d'un seul homme, mais aussi d'une famille. Demande beaucoup d'attention et un environnement aussi calme que possible. Le bruit et l'agitation l'intimident. Peut vivre sans problème en appartement ; son pelage ne réclame que peu de soin.

Siamois

Caractéristiques physiques : Très mince, pelage soyeux très court. Tête triangulaire avec un nez droit, de grandes oreilles et des yeux en amande. Une partie de ces chats descend d'une ancienne race de Siamois plus épais. Ces derniers ont des têtes plus rondes que les nouveaux et sont appelés « chat thaï » par les associations d'éleveurs. Les deux races possèdent des yeux bleus lumineux et des marques (points) sombres sur le visage, les oreilles, les pattes et la queue. Les chatons naissent presque blancs et les zones sombres apparaissent progressivement.
Caractère : Dynamique, capricieux, intelligent et affectueux, très exigeant. « Parle » beaucoup et fort.
Comportement : Demande beaucoup d'attention. Peut vivre en appartement, poil facile à entretenir.

Sibérien

Caractéristiques physiques : Puissant, musclé, taille moyenne. Tête triangulaire, oreilles de taille moyenne surmontées de touffes de poils. Yeux très écartés et pelage mi-long et brillant imperméable avec un sous-poil épais. Bavette blanche visible, touffes de poils entre les doigts ; poils très longs aux pattes arrière et sur la queue.
Caractère : Amical et ouvert, très indépendant, sensible mais fier. Se sent bien en groupe, mais apprécie également de rester parfois à l'écart.
Comportement : Comme le Maine Coon et le Norvégien, le Sibérien aime courir librement et son pelage est parfaitement adapté à ces promenades. Ses longs poils et son sous-poil ont régulièrement besoin d'être peignés et brossés.

Singapura

Caractéristiques physiques : Petit, mais puissant et musclé. Tête ronde avec un nez court, de grandes oreilles et de grands yeux en amande et cerclés d'une couleur foncée. Pelage court, fin, lisse et de couleur ivoire avec des bandes brun foncé sur le menton ; poitrine et ventre d'une couleur unie et claire. Le plus petit de toutes les races de chat, il ne pèse que 3 kg au maximum (mâle).
Caractère : Actif et curieux, mais aussi très doux. Très proche des hommes, mais timide avec les étrangers. Recherche souvent le contact des hommes.
Comportement : Demande beaucoup d'attention de la part de ses propriétaires et n'aime pas rester seul. Apprécie la compagnie des célibataires autant que des familles, peut vivre en appartement. Pelage facile à entretenir.

Somali

Caractéristiques physiques : Élégant comme son cousin l'Abyssin à poil court, avec la même forme de tête, les mêmes yeux et la même structure physique. Son pelage est en revanche mi-long et possède le ticking des Abyssins. Sa couleur est également la même que celle des Abyssins. Le Somali porte une collerette et une « culotte », c'est-à-dire de longs poils sur les pattes arrière.
Caractère : Comme les Abyssins, il est très dynamique et joueur. Paisible et sociable, il s'entend bien avec les autres chats et n'aime pas être seul.
Comportement : Aime être dehors et n'apprécie pas que ses occupations se limitent dans l'appartement à des jeux et du sport (escalade !). Son superbe pelage demande un soin régulier.

Turc de Van

Caractéristiques physiques : Taille moyenne, puissant. Pattes courtes, queue touffue. Son poil mi-long et soyeux est blanc comme neige et, la plupart du temps, roux sur la tête et les oreilles. Les yeux sont soit jaune ambré, bleu ou vairon, c'est-à-dire que le chat possède un œil bleu et un œil ambré.
Caractère : Dynamique, amical et joueur, intelligent et volontaire. S'entend bien avec les autres animaux et apprécie la compagnie d'autres chats, peut aussi être le meneur.
Comportement : A besoin de beaucoup d'attention et d'occupation. Apprécie l'eau et aime jouer avec, son pelage doit être soigné régulièrement, ce qui est facilité par l'absence de sous-poil.

2.

La vie rêvée du chaton

Si la vie en commun lui est agréable, votre chaton égayera votre quotidien. Avant son arrivée, il est bon de vous familiariser avec les besoins de ces petits tigres d'appartement.

La question du territoire et autres besoins

C'est le grand jour pour votre chaton : en arrivant chez vous, il devient le maître de son propre territoire. Bien sûr, il s'appropriera également le terrain situé à l'extérieur de la maison. À vous de peser le pour et le contre pour prendre votre décision.

SE PROMENER DEHORS, guetter, chasser, attraper sa proie, flairer des odeurs et suivre des sons intéressants, retrouver ses congénères : voilà les activités favorites des chats et celles pour lesquelles ils sont le mieux équipés par Dame Nature. Avez-vous le droit d'interdire à votre futur pensionnaire cet aspect de sa vie? Si vous habitez un appartement en centre-ville ou dans une zone où la circulation est dense, vous n'avez pas le choix : il faudra établir le territoire de votre chat entre vos quatre murs. En revanche, si vous vivez hors du centre-ville, la question doit être pesée avec tous les pour et tous les contres. Des promenades libres impliquent de ne plus surveiller votre chaton en permanence et d'accepter les risques, c'est tout le dilemme entre liberté et sécurité.

Attention, danger !

L'évolution a donné au chat l'équipement nécessaire pour se promener librement. Cependant, il n'est pas préparé à tous les dangers de notre vie moderne et en particulier à la circulation routière. Observez donc les environs de votre maison avant de prendre votre décision. Voici quelques arguments contre les balades à l'extérieur :

- une route très fréquentée dans un périmètre de 600 m environ ;
- une zone de chasse dans les environs ;
- des champs avec une agriculture conventionnelle (pesticides toxiques) ;
- des chiens dangereux ou sauvages, des chats mâles non castrés qui peuvent transmettre des maladies en mordant ;
- des annonces régulières de disparition de chat (souvent le signe de personnes qui capturent ou détestent les chats).

Pas de dangers dans les environs? Des voisins compréhensifs et tolérants qui aiment les chats? Parfait. Il reste cependant quelques points à vérifier avant

Qu'ils soient en liberté ou vivent en appartement, les chatons ont besoin pour leur bonheur d'occasion et d'encouragement pour jouer.

Un chaton a besoin de plus de 16 heures de sommeil et de rêvasserie par jour. C'est parfait s'il trouve pour cela un endroit confortable ou, pourquoi pas, le lit de son maître…

d'ouvrir la porte du monde « sauvage » à votre chat.

Promenade sous surveillance

Même dans un endroit calme, il y a toujours des risques. Vous pouvez les éviter avec quelques mesures préventives (→ page 61). Très important : rencontrez vos voisins et évaluez l'ambiance générale. Tout le monde n'aime pas les chats. Les jardiniers amateurs ou ceux qui possèdent des oiseaux ne se montreront pas forcément enthousiastes, même s'ils n'ont rien contre les animaux. Vous pouvez cependant vous montrer compréhensif et tolérant en prenant en compte leurs inquiétudes et en leur proposant des compromis. Les propriétaires d'oiseaux apprécieront que vous leur promettiez de garder votre chaton à la maison la nuit. Vous pouvez aussi par exemple autoriser les jardiniers à arroser votre chaton s'ils le trouvent en train de creuser leurs plates-bandes. Il est également possible de leur proposer de construire un bac à sable couvert dans un coin de votre jardin pour que votre félin n'utilise pas le parterre fleuri du voisin pour se distraire.

Périmètre délimité

Un espace délimité dans votre propre jardin ou un enclos à ciel ouvert ne correspondent certes pas à l'image classique du territoire félin, mais c'est une bonne solution. Votre chaton pourra ainsi profiter de tout ce qui rend l'extérieur si intéressant, sans pour autant courir les risques qui lui sont associés. Renseignez-vous auprès des administrations compétentes pour savoir si vous avez le droit d'installer des clôtures sûres (2,30 m de hauteur et orientées vers l'intérieur ou un filet de protection pour chat de 2 m de hauteur avec une tige télescopique). Ces structures n'étant pas invisibles, de même qu'un enclos, limité en hauteur, mieux vaut prendre les informations nécessaires.

Le territoire dans la maison

Votre chat ne reste qu'à l'intérieur de la maison ? Pas de souci, il peut aussi y établir son territoire. Il n'est pas nécessaire que l'appartement soit grand, mais il doit y avoir de la place pour que le chat puisse déambuler ainsi qu'une petite zone où il puisse se retirer. Il voudra également observer son domaine de différents points de vue : depuis une cachette, du bord de la fenêtre ou d'un autre point situé en hauteur. Un griffoir et un arbre d'escalade équipé d'un endroit où s'asseoir fourniront à Minou un (ou plusieurs s'ils sont dispersés dans l'appartement) moyen d'entretenir ses griffes. L'aménagement est parfait s'il comprend également des « distractions » le long de son chemin favori, comme une table dont la nappe descend jusqu'au sol, des rideaux ou un grand bac contenant des plantes inoffensives comme du bambou ou du chlorophytum. Il ne manque alors plus qu'une proie ; pour cela, des jouets feront l'affaire (→ pages 44-45). Cachez également de temps en temps un petit en-cas dont votre petit chasseur pourra s'emparer.

Le balcon, une oasis d'air frais

Si vous avez un balcon, c'est parfait. C'est encore mieux si vous pouvez le protéger avec une barrière ou une délimitation adaptée aux chats (renseignez-vous auprès de votre propriétaire ou du syndic de votre immeuble).

CHECK-LIST

Un appartement adapté

Pouvez-vous offrir un territoire à un ou deux minets ? Observez donc votre foyer avec les yeux d'un chat :

- ○ Le chaton peut entrer dans presque toutes les pièces de la maison.
- ○ Le salon fait partie de son territoire.
- ○ Les meubles rembourrés peuvent être partagés avec lui, y compris pour qu'il y fasse ses griffes.
- ○ Un balcon sécurisé ou au minimum une fenêtre avec une arrivée d'air frais est disponible.
- ○ Des niveaux surélevés (bords de fenêtre, armoire, étagère) sont accessibles ou peuvent être rendus accessibles.
- ○ Il y a de la place pour un grand griffoir/arbre d'escalade au centre d'une pièce.
- ○ Le chaton peut utiliser des cachettes sans aucun risque.
- ○ Les endroits pour se nourrir et faire ses besoins sont assez éloignés l'un de l'autre et se situent dans un endroit calme, mais accessible à tout moment.
- ○ Des solutions pour les câbles qui traînent, les produits dangereux (→ page 63) et les fenêtres pivotantes non sécurisées pourront être trouvées avant son arrivée.

Autre test de sécurité : observez votre appartement **du point de vue d'un chaton** et cherchez les sources de danger à éliminer.

Vous pouvez créer une oasis à l'air libre pour votre chaton et apporter ainsi un plus non négligeable à son territoire. Peut-être trouverez-vous même un peu de place pour y installer un griffoir/ arbre d'escalade avec une plateforme d'observation ? Votre compagnon trouvera certainement sur le balcon des coins ensoleillés où dormir et des zones sombres, ainsi que des plantes. Outre la traditionnelle herbe à chat, vous pouvez planter de la mélisse, du basilic, du persil, du thym, autant d'herbes qui sont agréables aussi pour nos nez humains. La cerise sur le gâteau serait pour votre chat une « mini-plate-bande » avec de la menthe pour chat, qui devrait très vite la place préférée de votre félin. Tout cela sera encore meilleur si vous pouvez y placer un transat pour vous ou un autre meuble de balcon : votre chaton ne verra pas d'inconvénient à partager son territoire avec son maître. Ce petit coin prendra une allure tout à fait romantique si vous décorez le filet de protection ou la barrière avec une vigne vierge, une suzanne aux yeux noirs ou une autre plante non toxique pour les chats.
Si cette solution ne peut pas fonctionner à cause du refus de votre propriétaire ou du syndic, il est toujours possible de mettre un treillis à l'intérieur du balcon à hauteur de la balustrade pour que le petit fauve ne puisse pas sauter dessus ni en tomber. Des bacs à fleurs bien garnis feront oublier le filet ou le treillis. Renoncez aux outils qui lui permettraient d'escalader ou aux sièges surélevés.

Pour se reposer, se faire les griffes ou se cacher, cette tour multi-usage est un point de rencontre.

Exigences de base

Qu'il y ait un accès à l'extérieur ou pas, le meilleur cadre propose un environnement stimulant dans lequel votre chaton se sentira bien et deviendra un adulte en bonne santé. Cependant, votre petit colocataire attend plus de vous : de l'attention, seule condition pour créer une relation de confiance. L'attention est discrète selon les chats. Parlez gentiment à votre félin lorsque vous vous croisez dans la maison et attendez de voir s'il veut une caresse (les caresses forcées sont désagréables pour les chats). Proposez-lui des jeux et, de temps en temps, une petite surprise.

Chasser en appartement

Pour les chats qui vivent en appartement, le jeu est très important. Non seulement il stimule les sens et garde l'esprit en éveil, mais c'est aussi une façon de remplacer la chasse. Un chat qui peut de temps en temps chasser un jouet intéressant et le saisir ne souffrira pas du manque d'exercice et ne passera pas sa frustration sur les mollets de ses maîtres.

Il n'y a pas que les jeux : les chatons aiment rechercher de petites friandises (des aliments secs par exemple) ou les attraper quand vous les lancez. Cette dernière méthode fonctionne encore mieux avec des bouts de viande cuite.

De petites modifications dans son territoire stimulent l'esprit de recherche du chaton sans l'énerver, à l'inverse de gros changements. En outre, un carton avec des trous pour passer la langue ou un sac en papier (sans anse et contenant un peu de menthe sèche pour chat) posés au sol sont des objets d'exploration bienvenus.

Comme chez maman

En tant que maître; vous être responsable de la nourriture (→ pages 66 et suivantes) et des soins (→ pages 76 et suivantes) de votre compagnon. Ces deux points sont non seulement importants pour sa santé, mais cela renforce également le lien entre vous. Des repas servis régulièrement et avec amour donnent à votre chaton un sentiment de sécurité. Si vous appliquez en plus le rituel de la brosse ainsi que d'autres mesures de bien-être, votre chaton retournera les mêmes sensations qu'avec sa maman et sera un petit chat heureux, satisfait, ronronnant et câliné.

LE SAVIEZ-VOUS ?

À deux, c'est mieux !

Un chaton c'est bien, deux c'est mieux! Ils sont surtout mieux préparés. Cela vaut aussi bien dans l'appartement ou dans leur territoire que lorsque vous travaillez hors de la maison : ainsi, ils ne s'ennuieront pas ni ne manqueront d'exercice, car ces deux compagnons de sport s'entraîneront ensemble et se stimuleront. Le mieux est d'opter pour un chaton de la même fratrie. De plus, l'acclimatation à la maison est plus facile à deux.

Un environnement sûr

Les dangers ne se trouvent pas seulement hors de la porte de la maison ou du jardin, mais aussi à l'intérieur. Les chatons sont très curieux, mais peu prudents. Vous devez donc redoubler d'attention si vous accueilliez un matou chez vous : pouvez-vous lui proposer un environnement dans lequel il puisse exercer sa curiosité, jouer et chasser en toute sécurité ? Faites un petit état des lieux des dangers potentiels.

À l'extérieur : Il n'y a pas que les voitures qui soient dangereuses, les garages et les cabanes à outils le sont également. Les portes automatiques de garage peuvent blesser votre chaton et il risque de se retrouver enfermé dans le garage ou l'atelier. L'huile et l'essence et surtout les produits antigel sont très toxiques, de même que les produits chimiques destinés au jardin : gardez-les toujours sous clé et jardinez avec des produits non chimiques. Il vous faudra en outre vérifier les plantes du jardin, car certaines variétés de très belles plantes sont malheureusement un peu toxiques, comme les ancolies, les rhododendrons des montagnes, les azalées, les bégonias, le buis, les clématites, l'if, le lierre, l'aconit, le brugmansia, le chèvrefeuille, le géranium, la glycine, le cytise, le colchique, l'hortensia, les hyacinthes, le jasmin, les crocus, le laurier, le lupin, l'ellébore, le laurier-rose, le thuya, les tulipes et le genévrier. Autre risque à surveiller : les vers, les tics et les puces, que les chatons peuvent attraper dehors.

À l'intérieur : Comment sont vos fenêtres et votre balcon (→ pages 33-34) ? Lorsqu'il perd l'équilibre du bord de la fenêtre ou de la balustrade, un chaton ne tombe pas forcément sur ses pattes. De telles chutes font partie des cas d'urgence les plus fréquents chez les vétérinaires. Vos fenêtres sont-elles souvent entrouvertes ? Votre chaton court alors un risque : si un pan de fenêtre claque, il peut être gravement blessé ou rester paralysé. Des sécurités (en magasin spécialisé) sont donc à prévoir.

Faites également un tour des cachettes dangereuses : les tubes ouverts et autres « chemins secrets » qui mènent à la cave ou à une autre pièce éloignée peuvent être mortels pour un chaton curieux. Prenez l'habitude de maintenir fermés les appareils ménagers équipés de porte (comme le sèche-linge) et de fermer les récipients avec un couvercle.

Les câbles électriques mal rangés peuvent aussi représenter un risque, car les chatons les mordent volontiers pendant leur changement de dents.

Le désordre peut aussi être une source de dangers : faites-vous partie de ceux qui laissent traîner des choses de temps en temps ? Pensez au moins à mettre en sécurité les médicaments, les produits d'entretien et les produits chimiques ainsi que tout ce qui pourrait blesser

Prudence, petit curieux ! Ne laissez jamais la porte du lave-linge ouverte, car le chaton ne peut résister à l'envie d'explorer.

votre chaton ou qu'il pourrait absorber. Les plantes et les fleurs sont souvent toxiques (voir plus haut). Pouvez-vous les mettre hors de portée du chaton ou vous limiter à des choses inoffensives à 100 % ?

Les chatons ont besoin d'un peu plus de...

Attention : Les chatons sont plus sensibles aux infections que les chats adultes. Veillez à faire faire les vaccins nécessaires et à le protéger des parasites (→ pages 81 et suivantes). Dès que les premiers symptômes sont perceptibles, consultez immédiatement le vétérinaire. Plus tôt vous le ferez, mieux Minou sera traité.

Circonspection : Si petit, si doux et si sensible, le tempérament du chaton varie souvent, ce qui le rend d'autant plus vulnérable. La circonspection créée la confiance.

Temps : Vous aurez besoin de beaucoup de temps pour votre chaton. Comptez ainsi deux heures de jeux quotidiens pour un chaton, une heure pour un chat adulte. Un animal qui dépense autant d'énergie a besoin de recharger ses batteries : deux repas ne lui suffiront pas, votre chaton doit manger cinq fois par jour.

Indulgence : Cette petite boule d'énergie peut mettre le désordre dans votre ménage et créer un véritable chaos. Il aime également tester les limites de son charme, ce qui peut énerver son maître.

TEST

Êtes-vous fait pour un chat ?

12, 15 ou même 20 ans : prendre un chaton, c'est créer un lien dans le temps. Votre ami à quatre pattes peut-il vivre avec vous ? Ce test vous aidera à le savoir :

	oui	non
1. Je reste volontiers chez moi et ma vie est plutôt stable.	●	○
2. J'aime que le chaton ait sa propre façon de penser, même s'il ne veut pas la même chose que moi.	●	○
3. Une griffure sur un meuble ou un tapis ne me pose pas de problème.	●	●
4. Le fait qu'il mue périodiquement ne me dérange pas.	●	○
5. Je peux renoncer à des vacances si mon chat est malade.	●	○
6. La perspective d'avoir à repenser l'aménagement de mon logement pour mon chat me plaît.	●	○
7. Je suis prêt à dépenser plusieurs centaines d'euros par an pour mon chat.	●	○
8. J'évite d'écouter ma musique préférée à plein volume.	●	○
9. Même un chat hyperactif ne me fera pas perdre mon calme.	●	○
10. Je me vois bien recevoir deux chats chez moi.	●	○

SOLUTION : Si vous avez répondu « oui » à toutes les questions, vous êtes le maître idéal ! De un à deux « non », un chat adulte serait peut-être plus approprié. Non aux questions 1, 2, 3, 5 et 7 : vous n'êtes peut-être pas encore prêt à accueillir un chat.

L'équipement de base

Lorsque votre chaton arrivera dans sa nouvelle famille, il doit y trouver un accueil chaleureux, de l'amour et beaucoup de compréhension. Il reste encore d'autres éléments à aménager pour son confort.

LES GRANDS ÉVÉNEMENTS doivent être bien préparés. Il vous faudra donc vous procurer le matériel nécessaire avant son arrivée. Ainsi, il les trouvera et se sentira tout de suite à la maison. Vous trouverez le nécessaire dans les animaleries, dans la zone « animaux domestiques » de votre magasin de bricolage et sur Internet : le choix est énorme et il est judicieux de comparer les prix.

Boîte de transport

Votre chaton aura une attitude mitigée face à ce premier accessoire. En effet, la boîte de transport offre certes un sentiment de sécurité et un refuge, mais on l'utilise pour des changements de lieux désagréables, des trajets en voiture, des visites chez le vétérinaire, etc. Pour un transport sûr, il vous faudra aussi prévoir de la litière. Transporter votre chaton en voiture sans sa boîte serait imprudent, on ne sait jamais ce qui peut se passer. Les modèles les plus pratiques sont ceux en plastique pourvu d'une porte grillagée en métal. On peut les nettoyer facilement en cas d'incident. Certaines boîtes ne s'ouvrent pas de l'avant, mais par le dessus, ce qui permet au vétérinaire d'avoir un meilleur accès à son patient. Une boîte de transport pourvue d'un couvercle lavable sera particulièrement pratique. Les sacs modernes en matériau high-tech équipés d'un filet sont plus élégants et peuvent être facilement transportés à l'aide d'une sangle d'épaule, ce qui est pratique lorsqu'on voyage ou lorsqu'on prend le bus ou le train. Les paniers en osier munis d'une porte/grille sont certes jolis, mais ils sont plus aptes à servir de refuge dans la maison (porte relevée) que pour le transport. Ils sont moins pratiques à transporter et si Minet s'oublie, le panier ne sera pas aussi facile à laver qu'une boîte en plastique. D'ailleurs, je connais au moins un chat qui, à l'âge de 4 mois, a fait sauter le revêtement de son panier.

ASTUCE

Une chatière intelligente

Voilà une nouveauté : une chatière électronique qui fonctionne sans collier ni émetteur : un lecteur qui reconnaît le numéro inscrit dans la puce placée par le vétérinaire et ne laisse entrer que le chat possédant ce numéro. Ce système coûte environ 200 euros.

Un endroit confortable où votre chaton peut s'allonger. Il s'appropriera lui-même de nombreux lieux.

Chatière

Votre chat doit pouvoir sortir au moins une fois par jour ? Étudiez donc attentivement l'opportunité d'installer une chatière. Cela ne vous dispensera pas de la corvée de porte, mais vous serez sûr que votre chaton peut rentrer à tout moment, surtout s'il doit subitement trouver un refuge. Les chatières posent néanmoins un problème : cette petite ouverture peut aussi inviter les chats étrangers dans la maison. Les visites de courtoisie entre chats sont acceptées de manière exceptionnelle, car la plupart du temps le propriétaire de ce territoire sera intimidé et profondément gêné. Certains systèmes spéciaux de chatière proposent une solution en régissant à un émetteur situé dans le collier du chat. Ainsi, ils bloquent l'accès aux chats étrangers. Pourtant, le collier comporte lui aussi un risque. La solution la plus simple consiste à garder votre chat à l'intérieur de la maison et à maintenir la chatière fermée pour éviter l'entrée d'animaux inconnus.

Gamelles

On trouve toutes sortes de gamelles, du simple bol en plastique au modèle plus noble en acier inoxydable. Le choix est vaste, mais outre vos goûts personnels, certains paramètres sont à prendre en compte.

Matériau : Une gamelle en plastique peut éventuellement convenir aux voyages courts (si votre chat doit participer à une exposition par exemple). En

Nécessaire pour chat
d'un seul coup d'œil

Gamelles et toilettes

Les gamelles sont stables pour que votre chaton ne puisse pas les pousser à travers la pièce. Pour les toilettes, choisissez un petit modèle afin que votre compagnon ne puisse pas sauter dedans.

Soin du poil et des griffes

Le peigne et la brosse font partie de l'équipement de base. Le rouleau à griffer, bien que pratique ne remplace pas un griffoir, mais il évitera peut-être les griffures sur des tapis onéreux.

Jouets

Balles, souris, plumes... voilà des jouets qui raviront Minou. Vous pouvez même vous permettre un petit luxe : votre chaton pourra se retirer dans sa maison en peluche lorsqu'il sera fatigué d'avoir joué.

cas d'utilisation prolongée, le matériau risque de se fissurer, devient difficile à laver et sent la vieille nourriture pour chat, rien de bien appétissant. Les gamelles en porcelaine, en céramique ou en acier inoxydable ne présentent pas ce genre de problème. Elle doit peser un certain poids ou être équipée d'un système antiglisse, à moins que vous n'aimiez voir (et entendre) votre petit fauve faire glisser sa gamelle vide à travers la pièce.

Taille : Évitez le bol le plus petit et prévoyez une bordure large : votre chaton grandit vite et sa moustache grandit avec lui. Elle ne doit pas toucher sa nourriture.

Emplacement : Proposez à votre chaton une gamelle pour les aliments humides et une autre pour les aliments secs. Placez-les si possible sur un grand plateau ou sur un tapis lavable. Ainsi, aucun problème si un peu de nourriture déborde par terre. Le bon endroit pour dresser la table de votre chat se trouve dans un coin tranquille de la cuisine, au milieu de la vie de la maison, mais en sécurité et au calme. Les bols d'eau ne doivent pas se trouver sur son plateau, mais être disposés dans plusieurs endroits stratégiques de la maison.

Litière

Dès son arrivée chez vous, votre petit félin doit trouver tout de suite ses toilettes : ce ne serait pas le premier à avoir besoin d'évacuer le stress et les tensions du voyage. Offrez-lui tout de suite si possible deux litières ou, si vous avez deux chats, trois. Préparez-la avec une marque que votre chaton connaît déjà. On trouve toute sorte de litière, y compris des modèles d'angle. Tant que votre chaton est petit, il n'a besoin que d'une boîte munie d'une bordure basse (environ 10 cm). Vous changerez plus tard pour un modèle plus grand et plus haut. Les litières avec un couvercle présentent certes l'avantage d'empêcher la litière de sortir, mais elles ne font pas l'unanimité des chats, car le toit retient les odeurs. Le meilleur emplacement pour les toilettes se trouve loin de l'endroit où votre chat mange, dans un endroit calme et où il y a peu de passage.

Très pratique : une boîte de transport qui s'ouvre par le haut.

Arbre à chat, etc.

Peu importe que votre chaton puisse plus tard faire ses griffes sur les arbres ou non, il doit aussi y avoir à l'intérieur de la maison un objet à griffer. Il lui permettra à la fois « d'entretenir ses armes » et de faire de l'exercice. C'est aussi un élément important du

Un meuble parfait pour les chats : un griffoir avec différents endroits où s'asseoir.

marquage et de son besoin de s'exprimer. Si votre colocataire gratte vigoureusement, c'est sa façon de dire : « Je suis ici chez moi, c'est mon territoire. » Pour encourager ce sentiment d'appartenance au foyer, il doit pouvoir trouver dès le début des objets qu'il pourra gratter sans être puni. Si vos meubles, vos tapis et la tapisserie n'en font pas partie, il faudra lui proposer des alternatives.

Différents modèles : Le choix d'objets à gratter est vaste. On trouve aussi bien des rouleaux que l'on pose au sol (et qui détourne l'attention du tapis) que des protections d'angle, des tapis pour les murs en passant par des poteaux et des planches jusqu'aux arbres à gratter et à escalader qui montent jusqu'au plafond et équipés de plateformes où s'allonger et s'asseoir sur plusieurs niveaux. Outre les meubles à gratter longue durée (recouvert généralement de sisal), vous trouverez également des accessoires en carton ondulé. Certains chatons les préfèrent au sisal, mais il faut les remplacer lorsqu'ils sont complètement détruits. Pour un chat d'appartement, mieux vaut ne pas passer à côté d'un modèle « de luxe », c'est-à-dire un arbre à gratter et à escalader.

Emplacement idéal : Peu importe le modèle que vous choisirez, il doit se trouver au centre de l'appartement. Ainsi, votre chaton pourra observer son territoire de différents points de vue. Les bricoleurs avertis pourront construire eux-mêmes le modèle de leur rêve et l'équiper de cordes d'escalade, d'échelle et de trous pour réaliser un véritable arbre à vivre. Vous trouverez des accessoires dans les magasins spécialisés, dans les magasins de jardinage et dans divers magasins de bricolage. Peut-être un projet pour plus tard ? Au début, il doit au moins y avoir un poteau à gratter fixe dans la maison ainsi que quelques objets mobiles que vous pouvez utiliser là où cela est nécessaire (devant le canapé si le chaton s'y attaque) ou sur le chemin entre l'endroit où il mange et celui où il dort. Les chats revendiquent leur territoire avec leurs griffes.

Accessoires

Un chaton en bonne santé soigne son pelage et y consacre une bonne partie de son temps, trois heures par jour. Votre aide n'en est pas moins indispensable, surtout chez les animaux à poils longs et mi-longs. Pour l'aider dans le soin de son poil, vous aurez besoin, pour les animaux à poil long, de deux peignes métalliques aux bouts arrondis, un à dents serrées, l'autre à dents espacées. À cela s'ajoutent une brosse métallique souple et un couteau à découdre pour couper les amas de poils.

Les chats à poils courts ont surtout besoin d'aide au moment de la mue, avec un peigne (si possible avec des dents mobiles qui ne pincent pas votre compagnon), une brosse en poils naturels et éventuellement un gant à picots (effet massant agréable). Si votre chaton a le droit de se promener dehors, vous aurez également besoin d'un peigne à puces et à lentes pour contrôler la présence de parasites.

Une place tranquille

Dès que votre chaton se sent chez lui, il va rechercher un endroit où se reposer, si possible près de vous. Ainsi, vous pourrez lui proposer une corbeille souple rembourrée dès son arrivée. Ne prenez pas le mot corbeille au pied de la lettre, une petite maison ou une tanière en matériau souple conviendra très bien et lui offrira un endroit où se retirer. Une corbeille où se retirer est particulièrement importante si vous interdisez l'accès de votre chambre à votre félin. Un emplacement calme, mais pas en retrait et assez loin du bac à litière correspondra aux attentes de votre chaton. Pour une meilleure vue, vous pouvez placer la corbeille légèrement en hauteur.

1 **Une vigie confortable :** Les chats aiment les vues dégagées et les nids protecteurs. Cette corbeille souple rembourrée aux motifs de pattes de chat offre les deux. Ce chat s'y sent dans un endroit paradisiaque.

2 **Reconversion :** Même une étagère de bibliothèque vide peut devenir une place attractive si elle est pourvue d'un coussin. C'est encore mieux si elle permet d'observer d'en haut ce qui se passe dans la pièce.

Un peu de place en plus

Avoir différentes plateformes d'observation sur l'arbre à gratter est bien, mais cela ne suffit pas. Les ancêtres sauvages de votre chaton possédaient dans leur territoire des endroits confortables où rêvasser. Pourquoi votre chaton devrait-il se contente de moins ? Prévoyez donc dans l'équipement de base quelques couvertures et coussins faciles à entretenir. Vous pouvez par exemple placer une couverture sur l'armoire, un coussin sur le bord de la fenêtre ou sur une étagère vide. Vous pouvez aussi attendre de voir les endroits que préfère votre chaton et les aménager en conséquence. Si vous souhaitez offrir en hiver une place de choix à votre compagnon, proposez-lui un lit suspendu en peluche à fixer au radiateur ou un hamac en peluche.

Hameçonné : les chatons affectionnent les jouets que leur maître agite.

Des jouets captivants

Votre chaton doit aussi trouver quelques jouets dès son arrivée. Vous en trouverez une quantité incroyable dans le commerce : des jouets high-tech et traditionnels, utiles et superflus, drôles et sonores. Au début, mieux vaut suivre le slogan « moins il y en a, mieux c'est ». Enfin, votre chaton ne doit pas s'ennuyer au milieu d'une montagne de jouets. Limitez-vous à une ou deux souris en peluche et à quelques balles souples (substituts des proies) ainsi qu'un plumeau qui vous incitera à jouer avec lui. Ajoutez à cela un jeu solitaire : un matelas à gratter, une balle et un plumeau ou un carrousel de balles avec lequel votre chaton peut s'amuser seul. Cette collection va s'élargir avec le temps. Prévoyez donc si possible un coffre à jouets. Vous y mettrez les jouets qu'il ne peut utiliser que sous surveillance ainsi que d'autres jouets inoffensifs que votre chat n'utilise plus. Après quelque temps, ceux-ci redeviendront intéressants à ses yeux.

Exclure les risques : Aussi bien pour les jouets que pour les objets du quotidien, votre chaton s'amuse avec tout ce qui bouge ou peut être remué. Assurez-vous qu'il n'ait rien de pointu ou de tranchant entre les pattes et qu'il n'y ait pas d'angles abrupts ni rien qu'il puisse absorber. Veillez également à :

- Le jouet doit être solide et ne pas

Joueur ou câlin ?

Certains chatons n'ont jamais assez de câlins. D'autres ne s'emparent des genoux que pour des câlins rapides avant de repartir ou de bondir sur leurs jouets. Quel est le tempérament de votre chat ?

MON ANIMAL DOMESTIQUE

Début du test :

○ Soufflez des bulles de savon dans la pièce. Est-ce que votre chaton saute pour les attraper ou se blottit-il contre vous pour regarder les bulles voler ?
○ Passez le balai sur le sol. Est-ce que votre chaton le suit ou le regarde-t-il ?
○ Prenez un livre ou une bande dessinée. Est-ce que votre chaton se place sur vos genoux ou est-il plus intéressé par ce que vous avez entre les mains ?

Résultat du test :

avoir d'angles saillants. Supprimez les boutons et les yeux en plastique des souris en peluche, car ils peuvent être avalés et blesser votre chat.

- Il en va de même pour les grelots et autres petits éléments cousus aux sachets d'herbes à chat par exemple. Débarrassez-vous-en !
- Les plumeaux sont souvent recouverts d'aluminium, dangereux pour l'estomac et les intestins. Retirez-le.
- Pas de jouet d'une taille inférieure à une balle de tennis, sinon, votre chaton risque de les avaler.
- Les cannes à pêche pour chat les invitent à réaliser des performances acrobatiques. Ne laissez pas votre chat y jouer sans surveillance, car il pourrait se blesser. De la même façon, maintenez les jouets comportant des lacets et des bandes sous clé.
- N'utilisez pas les pelotes de laine pour jouer avec votre chaton. Ils peuvent en absorber des brins ce qui peut conduire dans le pire des cas à des occlusions intestinales.
- Pas de « gelée » ! Les jouets en plastique souple présentent également un grand risque pour son appareil digestif.

Questions-réponses : Équipement et bien-être

? Nous aimons notre chaton, mais nous ne voulons pas qu'il dorme dans notre lit. Nos amis nous conseillent de le laisser dormir avec nous les premières nuits et de le laisser venir dans notre lit pour surmonter plus vite la séparation d'avec sa mère et ses frères et sœurs. Est-ce vraiment nécessaire ?
Mieux vaut l'éviter. Cela peut vous amener à lever cette interdiction. Si vous ne voulez pas qu'il vienne, vous devez le lui faire comprendre dès le début de manière claire. Sinon votre chaton ne saura plus ce qu'il en est. Mettez en place un rituel de bonne nuit : parlez-lui doucement et avec amour, caressez-le et lorsqu'il est en confiance, donnez-lui une petite friandise (→ page 73) avant de fermer la porte de la chambre.

? Nous travaillons à l'extérieur et nous possédons deux chatons. Ils ont déjà fait beaucoup de bêtises en notre absence et en journée, ils ont le droit de rester dans l'entrée, où se trouvent leur arbre, la litière et de la nourriture. Jusque-là, nos chatons étaient très propres, mais maintenant ils font aussi leurs besoins hors de la litière, alors que nous la changeons tous les jours. Qu'avons-nous mal fait ?
Vos chatons ne se sentent pas en sécurité, parce que leur territoire est brusquement réduit. Étendez-le de nouveau, progressivement si possible (les changements rapides les perturbent). Certaines bêtises peuvent être anticipées : mettez sous clé les objets fragiles, fermez les poubelles et mettez un couvercle sur la corbeille à papier. En ce qui concerne la litière, une boîte ne suffit pas, même si vous la nettoyez tous les jours. Chaque jour s'y accumulent des choses que les chatons n'aiment pas avoir entre les pattes. Voici donc la règle à suivre : toujours avoir une litière de plus que le nombre de chats dans la maison, pour vous, il en faut donc trois. Ainsi, les possibilités de trouver une toilette encore propre au bout de quelques heures sont multipliées par trois.

? Je n'aime pas beaucoup les jouets du commerce. Quels sont les objets du quotidien avec lesquels mes chatons peuvent jouer sans risque ?
Le choix est infini des bouchons de liège, des « balles » de papier ou d'aluminium chiffonné, des noix, des canettes vides, des rouleaux en carton (papier toilette ou essuie-tout), de vieilles chaussettes (si possible remplie de cataire), des cartons de toute taille, du papier mâché, de vieux journaux, etc. Laissez libre court à votre imagination.

Pouvons-nous utiliser la boîte de transport pour y faire dormir notre chaton ?
Mieux vaut ne pas le faire. L'endroit où votre chaton dort fait partie de son « foyer de premier ordre » et il doit se trouver dans un endroit sûr. Vous pouvez néanmoins rendre cette boîte attractive aux yeux de votre chat pour qu'il ait envie d'y séjourner et qu'il ne l'assimile pas seulement aux visites chez le vétérinaire.

Mes amis vivent à la campagne et peuvent me donner un tronc d'arbre ainsi que de belles branches épaisses. Y a-t-il une contre-indication à les utiliser pour en faire un arbre d'escalade/griffoir pour mon chaton ? Je suis bricoleur et j'ai des outils à ma disposition.
La plupart des chats apprécient les arbres, surtout s'ils ont une écorce épaisse. L'écorce est la seule contre-indication possible à une utilisation en appartement si vous avez de la moquette. Cela ne pose aucun problème sur sol lisse, il vous faudra alors balayer ou aspirer régulièrement l'endroit où l'arbre sera placé. Votre chaton va en effet exercer ses griffes avec passion, ce qui entraîne irrémédiablement des chutes.

J'aimerais prendre, en plus de mes deux chats, deux autres chatons. Cependant, il n'y a pas beaucoup de place dans mon deux-pièces. Mes chats sont sociables.
Je vous le déconseille. Vos chats s'entendent visiblement bien et se sentent bien. Les nouveaux venus pourraient perturber cet équilibre et les rendre moins sociables. De plus, les possibilités de se retirer sont limitées pour chaque animal : tôt ou tard, vos quatre animaux ne se sentiront plus à leur aise.

Comment puis-je empêcher mes chats de grimper aux rideaux ?
Grimper aux rideaux est la spécialité des chatons très jeunes (ils arrêtent de le faire vers 10-12 mois, sauf exceptions qui confirment la règle). Retirez les rideaux pendant cette période ou attachez-les en hauteur.

Nous voulons équiper notre balcon d'un filet de sécurité pour chat transparent. Nous avons entendu dire que les filets noirs ou vert olive étaient plus discrets. Est-ce le cas ?
Même si cela peut sembler paradoxal, c'est vrai. La lumière du jour, et surtout les rayons directs du soleil, se réfléchissent sur le filet transparent. Ils tapent donc plus dans les yeux que les autres.

3.

Bienvenue à la maison !

Vous êtes prêt ? Maintenant, il s'agit de trouver un chaton qui vous convienne. Choisir est une véritable torture, mais la joie d'avoir un nouveau compagnon n'en sera que plus grande.

Votre pensionnaire – vers l'amour partagé

En accueillant un chat chez vous, vous allez créer un lien pour la vie. Afin que la relation soit heureuse aussi bien pour vous que pour votre animal, il y a certains points à vérifier, comme l'origine du matou.

AVEZ-VOUS DÉJÀ PARLÉ à vos amis et vos proches de votre projet d'adopter un chaton? Vous recevrez des annonces de toutes parts : un livret chez le vétérinaire, une annonce repérée au supermarché, un encart dans le journal et, plus récemment, à la ferme… À chaque fois, la même phrase : « Chaton à donner à famille accueillante. » Au début de l'été et en automne s'ajoutent les foyers pour animaux et les groupes de protection des animaux, ou encore un collègue qui connaît un éleveur qui donne de merveilleux chats de race. Par où commencer son choix pour s'y retrouver ?

Réflexions importantes

Dès que vous aurez une portée de mignons chatons sous les yeux, voilà ce qui va se passer : ils se montreront tous plus attendrissants les uns que les autres. Cependant, tous les chatons ne conviennent pas ni ne s'adaptent à toutes les familles. Cela nous ramène donc à cette phrase : « Chaton à mettre entre de bonnes mains. » Vous et votre chat pouvez mal tomber, mieux vaut donc se poser quelques questions au préalable.

Mâle ou femelle

Parmi ces questions, commencez par vous demander si vous préférez une femelle ou un mâle. Tous deux savent démontrer leur affection et leur tendresse. Ils sont formidables, mais doivent être castrés si vous ne voulez pas élever des chatons. Bon à savoir si vous voulez laisser plus tard votre chaton aller et venir librement : les femelles n'ont pas besoin d'un territoire aussi grand que celui des mâles et sont moins friandes de longues promenades. Les mâles en revanche sont plus tolérants vis-à-vis de leurs congénères, c'est une question importante si vous

Conquérir le monde à deux : les chatons vivent plus facilement ensemble la séparation d'avec leur mère et l'acclimatation à leur nouvelle famille.

envisagez de prendre deux chatons. En général, deux mâles s'entendent aussi bien petits qu'à l'âge adulte et mieux que deux femelles ensemble. Les expériences sont plus mitigées avec des paires mixtes. Les frères et sœurs d'une même portée qui jouent ou se câlinent souvent doivent bien s'entendre avec leur nouvelle famille. Parlez avec un vétérinaire du moment de la castration choix ? Et pourquoi pas un chat âgé d'au moins 10 à 12 mois, qui a déjà passé la période agitée et sa « puberté » ?

Si c'est un chaton : vous êtes décidé pour un chaton. Il est temps de réfléchir à l'importance que vous accordez au fait que votre nouveau colocataire se montre confiant et doux, qu'il aille vers les enfants et s'entendent bien avec eux et qu'il soit capable de supporter la vie dans une famille turbulente et les bruits inévitables du foyer (aspirateur). Tous ces critères sont-ils importants pour vous ? Dans ce cas, veillez à ce que votre chat grandisse dans un environnement amical avec des liens familiaux, qu'il ait appris à faire confiance aux hommes et qu'il ait eu de bonnes expériences avec les enfants (→ pages 109 et suivantes).

LE SAVIEZ-VOUS ?

Un chat de race vaut son prix

Élever des chats coûte cher, notamment à cause de la nourriture de qualité, des frais de santé, de la participation aux associations ainsi que des frais d'assurance élevés. Il en va de même pour la participation obligatoire aux expositions : seuls les animaux bien notés bénéficient d'un droit d'élevage. Il n'est pas exagéré de compter 600 à 800 euros pour un chaton, c'est une somme plutôt réaliste. Prudence, une offre trop abordable peut ne pas être sérieuse !

pour savoir comment vous allez créer votre combinaison.

Petit chat ou adolescent

Il est maintenant temps de vous poser une autre question importante : voulez-vous et pouvez-vous vraiment accepter un ou deux chatons et leur énergie indomptable ? C'est certain, les jeunes procurent beaucoup de bonheur. Cependant, ils peuvent aussi être très accaparants avec leur curiosité sans limite et leur besoin d'activité. Peut-être qu'un animal adulte serait un meilleur

Un chat d'appartement

Le futur territoire de votre chaton va-t-il se limiter à votre appartement ? Dans ce cas, choisissez un chat qui ne connaisse pas encore le monde extérieur. Sinon, le manque de liberté peut devenir problématique : un chaton de ferme ne serait

L'équipe idéale : un chaton câlin et un autre joueur. **Leurs goûts différents** diminuent les risques de jalousie.

pas le pensionnaire idéal. Un chat de race fera mieux l'affaire (Persan, British shorthair, Birman ou Chartreux) (→ pages 23 et suivantes)

Un chat de race

Un chat domestique peut vous surprendre, aussi bien par son apparence que par son caractère. En revanche, un chat de race affiche les caractéristiques propres à ses semblables, aussi bien sur le plan physique que psychologique. Calme ou vif, dynamique ou câlin, exigeant ou timide : à vous de trouver l'animal qui vous convient. Bien sûr chaque individu, même chaton de race, possède sa propre personnalité.

Un chat de refuge

Peut-être êtes-vous prêt à vous lancer dans le cas le plus « difficile », celui des chatons qui ont atterri dans un refuge ou ceux qui ont bénéficié, à la ferme, d'un toit (de grange) sur la tête et d'un peu de nourriture. Eux aussi peuvent devenir de beaux chats qui sauront aimer leur maître. Il leur faudra un peu plus de temps pour vous accorder leur confiance et ils ne la donnent en général qu'à un seul humain. En revanche, ils deviennent rarement de gentils chats de famille, mais vous pouvez vous y habituer, ce ne sera pas un problème.

Aller plus loin dans la réflexion

Pouvez-vous offrir de la stabilité à votre chaton ? Si vous avez prévu un déménagement ou un autre changement important dans votre vie, attendez que cela soit fait et que tout revienne au calme chez vous. Le propriétaire de votre logement est-il d'accord pour que vous possédiez un chat ? Posez-lui la question en temps et en heure. De la même façon, renseignez-vous sur les cas éventuels d'allergie aux chats dans votre famille. Si vous n'êtes pas sûr, mieux vaut faire tester les personnes concernées. Connaissez-vous quelqu'un susceptible de s'occuper de votre chat si vous n'êtes pas à la maison ? Enfin se pose la question de l'entretien. Prévoyez 500 euros environ par an pour la nourriture, la litière, les frais de vétérinaire et les petits extras. Jusque-là, aucun problème ? Alors bon courage dans la recherche de votre nouvel ami !

De l'amour, des soins et de bons aliments : un maître attentionné veillera à ce que son chaton ne manque de rien.

CHECK-LIST

Reconnaître des chatons bien élevés

Si vous achetez un chaton chez un éleveur, contrôlez l'environnement dans lequel il a passé les premières semaines de sa vie :

- ○ Les chats et les chatons ont tous des liens familiaux.
- ○ Les endroits dans lesquels les chatons dorment, mangent et font leurs besoins sont propres et bien entretenus.
- ○ Les chatons ne sont pas donnés avant d'avoir atteint 12 semaines.
- ○ L'éleveur vous a interrogé sur les conditions de vie du chaton chez vous.
- ○ Les chatons ont bénéficié de soins vétérinaires et ont reçu tous les vaccins nécessaires.

L'éducation est importante

Aussi injuste que cela puisse paraître, l'enfance d'une personne détermine souvent sa vie future. Ainsi, quelqu'un qui a grandi dans un contexte favorable sera plus sûr de lui partout, mais développera également plus de confiance en lui-même et en autrui que quelqu'un qui depuis sa plus tendre enfance doit se battre pour exister. C'est un phénomène que l'on retrouve aussi chez les chatons.

Le veinard : Les chatons qui grandissent protégés par une chatte bien soignée et qui apprennent très tôt à entretenir de bons rapports sociaux avec les humains savent non seulement comment à bien se comporter vis-à-vis de leurs congénères, mais aussi à vivre avec les humains. Avec ce capital confiance, Minou peut rapidement faire la conquête de ce nouveau maître et s'adaptera vite à son nouveau foyer.

... et les autres : Les femelles pleines, qui vivent sans soins humains et qui se nourrissent tant bien que mal de leurs prises et de déchets transmettent leur stress et leurs peurs à leur portée, même dans leur ventre. Les petits auront, comme elles, peur des autres animaux. De plus, ils risquent d'avoir des troubles de croissance en raison de la mauvaise alimentation qu'ils ont reçue. La mère transmet également à ses petits sa défiance envers les hommes à cause des mauvaises expériences qu'elle a eues avec eux ou parce qu'elle ne connaît pas leurs bons côtés. Ces chats auront besoin de beaucoup de temps pour baisser leur garde et les apprécier. Cela peut néanmoins déboucher sur une relation heureuse si vous savez faire preuve de patience et que vous avez un peu d'expérience avec les chats.

La « règle d'or »

Le chaton que vous recherchez doit vivre avec sa mère et ses frères et sœurs. Dans l'idéal, il passera de la sécurité de son nid familial à celle d'un nouveau foyer. Chaque étape transitoire représente une baisse du sentiment de sécurité et donc du stress, ce qui peut rendre l'animal plus sensible aux infections. N'achetez pas non plus d'animaux provenant d'animaleries, de foires ou de n'importe quel marché.

Évitez également de procéder à un achat si vous avez des doutes sur l'éleveur ou sur les soins que le chat a reçus.

Foyers et associations de protection peuvent ainsi ne pas satisfaire à ces règles d'or. Cependant, leurs employés s'occupent avec implication et amour de leurs protégés. Ils pourront vous donner de bons conseils sur les soins vétérinaires, une compensation non négligeable. Si vous vous sentez capable d'entreprendre une tâche difficile, vous pouvez tout à fait y trouver le chaton de votre vie.

Le supplice du choix...

... ne vous sera pas épargné, même chez un bon éleveur. Voulez-vous un petit lutin indiscret ou un ronronneur tout doux ? Un petit tigre ou un chaton tacheté noir et blanc ? On dit qu'il est possible de déduire de la couleur du pelage le caractère de l'animal. Ainsi, un chat noir serait vraiment courageux, un blanc-noir serait sensible et câlin, alors que les roux, contrairement aux tigrés gris, seraient plus aptes à vivre en appartement... oubliez tout cela ! En revanche, l'attitude des chatons vous en dira beaucoup plus sur leur caractère. Prenez donc le temps d'observer toute la portée. Y en a-t-il deux qui jouent toujours ensemble et qui s'endorment l'un contre l'autre ? Ils pourraient bien être vos compagnons ! Rapprochez-vous des chatons au sol et attendez que le calme revienne. Lequel vient vers vous ? Qui est le plus intéressé par vos jouets ? Qui ronronne à votre contact ? Y a-t-il un chaton qui vous recherche plus que les autres ? Et si la tendance s'inversait que les chats se mettaient à choisir leur maître, au lieu de se laisser choisir ? Un chaton qui sait ce qu'il veut ! Vous trouvez cela tentant ? Laissez-vous donc séduire !

Quand l'alchimie ne fonctionne pas : Si, contre toute attente, la magie n'opère pas avec le chaton, peut-être n'est-ce qu'un mauvais jour. Convenez alors

La maman chat et ses petits ne se sentent heureux et en sécurité que si l'éleveur maintient leurs liens familiaux.

CHECK-LIST

Reconnaître un chaton en bonne santé

Ce chaton que vous voulez ramener chez vous, est-il en bonne santé ? Tout porte à le croire si...

- Il est gai et curieux. Méfiez-vous s'il ne réagit pas à vos invitations à jouer.
- Ses yeux sont propres, sans traces de larmes ni croûtes. Attention si la membrane nictitante (troisième paupière) est visible (signe d'une infection).
- Sa truffe est propre. Peu importe qu'elle soit légèrement humide et froide ou chaude et sèche, l'essentiel est qu'il n'y ait pas d'écoulement et qu'elle ne soit pas gercée.
- Ses conduits auditifs sont propres et sans odeur. Une odeur désagréable est le signe d'acariens d'oreille.
- Son corps est sec et ferme et son ventre est souple, mais pas flasque ni ballonné.
- Ses gencives sont roses et ses dents blanches. Une odeur désagréable de la gueule peut être le signe d'une inflammation.
- Son poil est vaporeux et pas broussailleux.
- Tout est propre sous la queue et le chaton n'a ni croûtes ni dépôts.

d'une nouvelle visite. Si l'étincelle ne prend toujours pas, recherchez votre chaton ailleurs.

Un chaton d'élevage

Vous trouverez des chats de races chez un éleveur sérieux. Renseignez-vous d'abord sur les races que vous préférez. Rendez-vous à une exposition féline (→ Astuce, page 23) et demandez aux associations reconnues (→ page 141) les adresses d'éleveurs près de chez vous. Une annonce dans un magazine spécialisé (→ page 142) ou sur Internet portera peut-être ses fruits. Vous pourrez avoir confiance en quelqu'un qui élève des chats par loisir et non dans une optique commerciale. La question du prix du chat a déjà été abordée plus haut (→ page 50). Votre éleveur doit accorder de l'importance à un nid excellent pour ses petits (→ Check-list page 52) et s'intéresser à leur avenir. Il ne doit pas vous vendre de chaton sans contrat d'achat ni documents (arbre généalogique, attestation de santé, certificat de vaccination). Ceci est en outre une garantie de la santé de votre chat.

Reconnaître un bon éleveur

- Il est membre d'une association reconnue et doit respecter les conditions qui lui sont imposées.
- Il s'engage par contrat à reprendre le chaton si vous ne pouvez pas le garder.
- Il s'engage à présenter le chaton au vétérinaire sous un certain délai.
- Il accepte de rester en contact avec vous.
- Il s'assure par contrat avec vous que vous allez faire castrer votre animal.

En voici deux qui s'entendent bien : enfant et chaton forment une équipe de rêve.

- Il vous propose de vous apporter lui-même le chaton (afin de voir comment son petit protégé va vivre).
- Il vous donne un pack pour les premiers jours : dans l'idéal, votre nouveau colocataire doit retrouver pendant les premiers jours chez vous la nourriture et la litière qu'il connaissait chez l'éleveur.

En bonne santé

Bien sûr, vous souhaitez acquérir un chaton en bonne santé. Encore une fois, c'est là que l'importance de l'élevage entre en jeu : un éleveur responsable prévient les risques de santé (parasites, infections, inflammations conjonctives) par de bons soins, une bonne hygiène et, si nécessaire, des visites chez le vétérinaire. Les éleveurs ont l'obligation de réaliser des examens vétérinaires complets avant de fournir au futur propriétaire des garanties santé. Les chats de refuge sont également soumis à des contrôles vétérinaires, vous n'avez donc pas à craindre de prendre chez vous un animal malade. Les chatons aux comportements difficiles, dont les chats de ferme font partie, posent plus de problèmes. Ils auront très certainement des puces et des vers, dont un vétérinaire viendra facilement à bout. Le risque d'infections ou de carences est plus élevé chez les animaux non traités. Ces chats doivent être examinés en détail par le vétérinaire. Il faudra également les garder dans une pièce pour eux seuls jusqu'à ce qu'ils ne soient plus contagieux. Vous pouvez vérifier vous-même certains points en examinant votre chaton (voir la check-list page de gauche). De nombreuses malades restent longtemps invisibles pour nous. Un examen complet réalisé par le vétérinaire vous évitera bien des soucis. Et si quelque chose ne va pas, un dépistage précoce améliore les chances de guérison.

Deux chatons pour les enfants

Notre famille va bientôt s'agrandir avec l'arrivée de deux chatons British shorthair. Nous répondons ainsi à la demande de nos enfants Ben (10 ans) et Marie (8 ans). Ils ont hâte de profiter des câlins et des jeux avec leurs nouveaux amis. Espérons qu'ils n'« agressent » pas les nouveaux venus dès leur arrivée et ne les effraient pas.

SI VOUS PRÉPAREZ bien la rencontre, cela ne devrait pas arriver. Un petit exercice vous permettra peut-être de vous débarrasser de ces craintes. Demandez d'abord à Marie de se mettre à quatre pattes, son visage proche du sol, pour avoir le point de vue d'un chat. Demandez alors à Ben de courir vers elle. Ensuite, faites-leur inverser les rôles. Cet exercice vaut mieux que de longues explications et montre à quel point un enthousiasme débordant peut être effrayant pour un chaton. Cela ne vous empêche pas de leur donner quelques explications, supplémentaires. Aidez-les à assimiler la théorie par des exemples pratiques. Vous pouvez par exemple impliquer Ben et Marie autant que possible dans l'accueil du chaton et leur demander leur avis lors de l'achat de l'équipement. Réfléchissez ensemble à l'endroit où chaque chose trouvera sa place.

Les chatons appartiennent à la famille

Expliquez à vos enfants que les chatons sont des membres de la famille et ont leurs propres besoins, ce ne sont pas de simples occupants. Cela peut les rebuter d'avoir un animal domestique. Proposez-leur d'être le « parrain » d'un chat chacun et demandez-leur de participer aux repas animaux. Ainsi, ils pourront tout de suite se sentir responsables de leurs chats. Vous-même, vous vous sentirez probablement en charge de ces nouveaux venus. Vous savez certainement qu'il est important de montrer l'exemple d'une attitude douce et pleine d'égards pour vos animaux.

Apprendre en s'amusant

Avant que les chatons emménagent, vos enfants doivent être informés des goûts de leurs nouveaux amis, comprendre les signaux qu'ils envoient (→ pages 114-115) et possédez quelques connaissances sur les félins. Le mieux est de transmettre ces connaissances sous forme de jeu. Et pourquoi pas un questionnaire qui permettra au vainqueur de remporter une petite récompense ? Rédiger les questions et les réponses est certes contraignant, mais vos enfants et vous-même serez mieux informés et préparés à l'arrivée des chatons dans la maison. Avec tout cela, impossible de se tromper !

L'acclimatation

Vous êtes prêt pour le grand jour, il ne reste plus que quelques heures avant que le chaton n'entre dans son nouveau foyer. Tout le monde est excité, mais il est important que le calme règne dans la maison.

LE GRAND MOMENT est arrivé : votre chaton arrive chez vous, apporté par son précédent propriétaire. Il se peut que vous deviez aller le chercher vous-même : vous aurez alors besoin d'une voiture, d'une boîte de transport et de quelqu'un qui vous accompagne pour la route. Ainsi, l'un de vous peut se concentrer sur la route pendant que l'autre s'occupera du chat dans sa boîte. Évitez les transports publics pour ce premier trajet. Les gens, le bruit et les chiens éventuellement présents représentent beaucoup de stress pour un petit chat.

Apporter les odeurs de la maison

À tour de rôle, prenez le chaton. Convenez avec le propriétaire d'un rendez-vous au cours duquel vous aurez tous les deux du temps devant vous, car une transition entre les deux foyers constitue une source de stress pour tout le monde. Emmenez la boîte de transport avec vous dans l'appartement et laissez le bac grand ouvert pour que toute la famille du chat y ait accès, puisse la flairer et jouer dedans. Ainsi, vous emporterez avec vous les odeurs de sa maison. Profitez de ce laps de temps pour poser les questions qui vous intéressent et demander des astuces sur l'alimentation du chaton. Le propriétaire vous donnera peut-être un « doudou » ou un vieux coussin qui porte les odeurs de la portée et du foyer de votre chaton.

Une litière pour le voyage

Dans la voiture, le chaton reste dans sa boîte de transport fermée. Un animal énervé qui peut se déplacer librement dans le véhicule constitue un risque pour votre sécurité. De toute façon, ce voyage vers l'inconnu est stressant pour votre petit compagnon : tiré de la sécurité de son foyer, éloigné de sa mère et de ses frères et sœurs, loin des odeurs et des bruits familiers, tout est propice à la panique ! Des paroles de réconfort apaisantes, une main humaine à flairer peuvent l'aider à se détendre. Les chatons les plus vifs joueront volontiers avec une plume passée entre les barreaux de la grille. Bien entendu, un petit « bout de maison » (la vieille couverture) l'aidera à considérer la boîte comme un endroit sûr. Le bruit régulier du moteur ne déplaît souvent pas aux chats, mais ils n'apprécient en revanche pas la musique forte. Mieux vaut éteindre l'autoradio pendant le trajet retour.

Premiers pas dans sa nouvelle maison

Ça y est ! Le premier trajet du chaton est terminé, mais avant de s'installer à la maison, il a encore besoin d'un peu d'aide. Prévoyez au moins un week-end pour l'emménagement de votre chaton, voire quelques jours de vacances dans l'idéal. Vous ne vous ennuierez certainement pas.

Préparer l'accueil

Tout est déjà prêt pour les premières heures (→ pages 38 et suivantes). Si vous avez beaucoup de travail, des enfants agités ou encore d'autres animaux dans la famille, prévoyez une salle d'accueil distincte pour le chaton. Équipez là d'un panier, de nourriture, d'un bol d'eau, de toilettes et bien sûr d'un support à griffer.

Faites-en de même si l'appartement est très grand et que vous ne pouvez pas en avoir une vue d'ensemble ou que le chaton est particulièrement timide. Il doit s'approprier son terrain pièce par pièce et certains ne trouvent le courage de se lancer qu'une fois la nuit tombée, quand leurs maîtres dorment. Si vous avez le sentiment que votre chaton fait partie de ces noctambules, laissez la porte entrouverte avant d'aller dormir. Fermez néanmoins les portes des autres pièces auxquelles il n'a pas accès.

L'arrivée

Voulez-vous montrer à votre nouvel ami votre maison dès son arrivée ? Dans ce cas, tenez tout ce dont il a besoin à disposition et sécurisez ce qui doit l'être. Amenez la boîte de transport du chaton dans l'appartement et assurez-vous que toutes les fenêtres et les portes qui donnent vers l'extérieur sont fermées. Ouvrez ensuite le clapet de la boîte et attendez calmement de voir ce qui se passe. Demandez aux membres du « comité d'accueil », en particulier les enfants, de rester calmes.

De l'aide en arrière-plan

Asseyez-vous, servez-vous un café et détendez-vous ; en bref, faites comme vous ne vous intéressiez pas particulièrement au chaton. C'est difficile, mais vous serez bientôt récompensé pour vos efforts. En effet, il est amusant de regarder comment votre nouvel ami va découvrir prudemment et hardiment son nouveau monde.

Gardez un œil sur le chaton lorsqu'il commence à sortir de sa boîte de transport. Si vous avez opté pour deux animaux, vous n'aurez pas à attendre longtemps : à deux, on est plus courageux !

Montrez-lui (leur) les toilettes (s'il ne les a pas trouvés seul) et proposez-lui calmement quelque chose à manger. Ne le forcez pas s'il n'a pas faim. Vous pouvez aussi proposer quelques jeux à

ASTUCE

Le bon nom

Il doit être doux lorsque vous appelez votre chaton. Les mots aussi doux que « mon chéri » sont appropriés et lui rappellent sa mère. Les chatons se montrent également attentifs quand un ronronnement semblable à celui que les chats émettent pour se saluer se fait entendre. Choisissez si possible un nom à deux syllabes.

En vous approchant avec douceur du chaton, vous n'attendrez pas longtemps pour qu'il vienne vous saluer de nez à nez.

votre petit compagnon, par exemple avec un plumeau ou une corde souple que vous ferez onduler au sol. Ne forcez rien et ne vous lancez pas dans des recherches effrénées si vous ne voyez plus le petit espiègle, puisque vous avez déjà testé la simplicité des cachettes possibles.

Si le nouveau membre de la famille peut découvrir seul son nouveau foyer, la curiosité dépassera bientôt la peur et il viendra vers vous. Certains chatons ne se font pas prier longtemps! Cela dépend de leur phase d'adaptation (→ pages 109 et suivantes) : si les chatons ont reçu pendant cette période beaucoup d'attention et s'ils sont habitués aux enfants, ils seront peu farouches et se lanceront rapidement dans des jeux et des câlins. Les autres matous auront besoin d'un peu plus de temps.

Le chaton dans le lit : Dès le premier jour, vous aurez à prendre une décision importante : Minou a-t-il la permission de dormir avec vous dans la chambre? Si c'est le cas, préparez-vous aux visites dans le lit. Et gardez vos pieds sous la couverture, sinon le chaton se saisira de cette proie!

Les premiers jours

Votre chaton préférera peut-être passer ses premiers jours chez vous sous le canapé ou dans d'autres cachettes. Cela ne fait rien! Parlez-lui gentiment, invitez-le à jouer, laissez-le renifler votre

Les chats qui peuvent aller dehors à leur guise sont des chats heureux. Les personnes capables de proposer à leurs petits félins un jardin paradisiaque sans avoir à redouter les dangers le seront aussi.

main tendue, proposez-lui de la nourriture au creux de votre main, mais résistez à la tentation de saisir le chaton. Clignez des yeux lors des contacts visuels : dans le langage des chats, c'est l'équivalent d'un sourire et de l'assurance que vous n'allez pas le bousculer et qu'il peut vous faire confiance. N'approchez pas de votre nouveau colocataire sans rien dire. Les chats se saluent par un ronronnement court et clair. Dites-lui bonjour ou miaou, si vous voulez essayer de faire comme les chats.

Parlez beaucoup au début

Tenez compagnie à votre chaton souvent, si vous devez occuper sa pièce plus de quelques heures. Asseyez-vous sur le sol et parlez-lui beaucoup, ce que vous dites n'est pas important, ce qui compte, c'est le ton affectueux de votre voix. De plus, vos visites mettront votre protégé de plus en plus en confiance vis-à-vis de ce qui se passe derrière la porte, ne serait-ce que par les odeurs que vous ramenez dans la pièce.

Que vous soyez ensemble ou dans des pièces distinctes, les chatons sont eux aussi des animaux d'habitude : un emploi du temps précis avec des repas ponctuels contribue à leur bien-être et à leur détente et renforce leur confiance à l'égard des hommes.

Les premières semaines

Au cours des semaines à venir, votre chaton va découvre la maison comme un havre de sécurité, comme son territoire principal. Cela ne peut s'effectuer que dans un environnement fiable. Commencez par laisser la maison telle qu'elle est et reportez le déménagement des meubles ou les travaux d'embellissement ou de rénovation. Votre ami aura déjà beaucoup de nouvelles choses à découvrir.
Tôt ou tard, le nouvel habitant aura tout vu et il voudra agrandir son territoire du haut de son bon vieux siège, par-delà la porte de la maison. Ne le laissez pas sortir trop vite, même si toutes les condi-

tions sont réunies pour des promenades (→ pages 31 et suivantes). Votre chaton aura besoin de trois à quatre semaines d'acclimatation. Il s'orientera plus facilement s'il connaît chaque recoin de son territoire et qu'il identifie chaque odeur et chaque bruit. Avant de l'autoriser à se promener, le matou doit être vacciné (→ pages 81-83), identifié par une puce sous la peau et enregistré auprès d'une base de données centrale (→ page 141). Ainsi, s'il se perd, vous aurez plus de chances de le retrouver.

La première promenade

Lorsque votre chaton fera sa première promenade, vous vous sentez peut-être comme les parents d'un adolescent turbulent. Reviendra-t-il à la maison? Que peut-on faire pour rendre l'attente supportable? Sera-t-il tellement séduit par le monde extérieur qu'il oubliera de rentrer à la maison? Faites-lui un peu confiance. Le mieux est de le faire sortir avant l'heure du repas, et non après. Si la faim se fait sentir, il sera attiré par l'appel de la gamelle familiale. Et si vous faites tinter une fourchette contre sa gamelle, ce son fera revenir le petit aventurier qui aurait oublié de rentrer.

Se sentir en sécurité

Avant l'arrivée de votre chaton, vous avez éliminé un certain nombre de dangers (voir pages 35-37 et 45). Le tableau

MON ANIMAL DOMESTIQUE

Mon chaton s'est-il bien habitué à la maison ?

Votre chaton se comporte-t-il déjà en maître des lieux ou se montre-t-il craintif dans sa nouvelle maison ? Ce test vous aidera à comprendre si votre chaton s'est déjà acclimaté ou s'il a encore besoin de votre aide.

Début du test :

○ Votre chaton s'attaque-t-il dès le réveil ou avant de manger aux griffoirs prévus ou est-il encore timide et réservé ?

○ Salue-t-il les habitants de la maison de la tête et en se frottant sur leurs jambes ou préfère-t-il éviter les rencontres ?

○ Est-il complètement détendu pendant qu'il dort ou fait sa sieste ?

Résultat du test :

ci-contre vous dira où d'autres risques peuvent se situer. Mais que vaut la théorie face à la pratique? Le fait que votre animal considère sa nouvelle maison comme un lieu sécurisé dépend aussi du calme et du flegme dont vous saurez faire preuve. Voilà pour la théorie. En pratique, vous allez redouter chaque instant où votre petit tigre fera des siennes. Vous vous êtes certes occupé autant que possible de sa sécurité, mais qu'est-ce qui est sûr à ses yeux? Rien de prime abord. Inutile de s'inquiéter pour autant.

- Vous pouvez vous épargner le stress lié aux rideaux déchirés en empêchant votre petit grimpeur d'y accéder : retirez les rideaux où vous ne risquez pas de regards indiscrets et relevez les autres ou reliez-les en hauteur. Vous anéantirez ainsi en un clin d'œil ses tentatives d'escalade et rendrez très vite les rideaux dénués d'intérêt pour votre chaton. Il y a dans son territoire des objets à escalader bien plus intéressants!
- Vous n'avez pas non plus à craindre que les objets fragiles soient cassés. Avez-vous la possibilité de les mettre sous clé? Ou de les entreposer à l'abri jusqu'à ce que le petit tigre soit plus calme? La plupart du temps, les bonds sauvages cessent d'eux-mêmes vers l'âge de dix ou douze mois.
- Vous êtes nerveux à l'idée que votre félin vous « aide » à faire le ménage? Si vous respectez bien les règles de sécurité (fils électriques, plaques de cuisson, fer à repasser) et que vous veillez bien à ranger dans un placard les appareils ménagers et à maintenir le couvercle baissé sur les contenants (en particulier la lunette des toilettes). Votre chaton peut vous aider à nettoyer les légumes dans la cuisine : pour le récompenser de ses « efforts », vous pourrez lui donner une branche de persil à emporter et à mastiquer. Gardez cependant certains légumes et aliments hors d'atteinte de votre protégé, car ils peuvent provoquer de graves empoisonnements. Parmi ces aliments se trouvent l'avocat, les haricots crus, les graines et les feuilles de pommes de terre, les épinards crus, les raisins secs, le raisin, les oignons et le chocolat.

Un petit tigre rêvassant dans sa jungle privée : ce genre de petit paradis peut être facilement aménagé sur un balcon spacieux.

QUELLES SONT LES SOURCES DE DANGER ET COMMENT LES ÉVITER

SOURCE DE DANGER	QUEL EST LE RISQUE ?	QUE PUIS-JE FAIRE ?
Fenêtre, surtout fenêtres à clapet, balcon	Chute, paralysie, blessures	Installer des filets, grilles ou grilles anti-insectes, accrocher des protections pour fenêtre à clapet
Plante toxique	Nausée, vomissement, empoisonnement grave	Bloquer l'accès aux plates-bandes, en y insérant par exemple des moulins à vent en plastique ; bloquer l'accès aux buissons et aux arbres, utiliser des sprays ou des poudres répulsifs, placer hors de portée les plantes d'intérieur et les fleurs coupées, monter des vitrines pour les fleurs
Produits chimiques dans le jardin	Empoisonnement sévère	En utiliser le moins possible, les ranger dans un endroit sécurisé, empêcher votre chat de sortir lorsque vous les utilisez
Produits chimiques dans la maison (produits d'entretien, médicaments, produits antigel)	Empoisonnement, brûlure, empoisonnement mortel	Les garder sous clé, ne jamais les utiliser à proximité du chat
Plaques de cuisson, flammes, fer à repasser, etc.	Brûlures	Ne pas laisser sans surveiller, poser une casserole d'eau sur les plaques chaudes
Objets divers (pointes, punaises, sacs plastiques, lacets, papier aluminium, bracelets caoutchouc, laine)	Blessures, absorption, asphyxie (sac en plastique), étranglement des membres, occlusion gastrique et intestinale	Ne rien laisser traîner ; si nécessaire, émousser les angles des jouets

Harmonie avec les autres animaux

1 **Chien et chaton :** Le chaton, insouciant, salue le carlin quelque peu sceptique comme s'il s'agissait d'un congénère.

2 **Chat et chaton :** Le chat nettoie le nouveau venu. Ce geste amical et social marque son acceptation.

3 **Cochon d'Inde et chaton :** Le rongeur n'est pas très à l'aise, car il fait partie des proies du chaton. Mieux vaut ne pas laisser les deux ensemble sans surveillance.

Un autre animal sous le même toit

Si d'autres animaux font partie de la famille, vous devrez faire appel à vos talents d'intermédiaire. Peut-être arriverez-vous même à susciter une amitié pour la vie.

Chaton et chaton : Cela ne devrait pas trop vous poser de problème. Frottez-les tous deux avec un pull ou un t-shirt porté par vous et pas encore lavé avant de présenter les animaux l'un à l'autre. L'odeur commune de la famille est une invitation à la paix. Il ne leur faudra probablement pas longtemps pour se mettre à jouer.

Chaton et chat : Gardez d'abord le nouveau chaton dans une pièce séparée et habituez-le à l'odeur de l'autre animal, tout en les caressant tous deux. Pendant que le chaton découvre l'appartement, le premier chat peut inspecter la pièce d'accueil. Donnez-lui une friandise afin de créer un lien avec le « nouveau ». Là encore, il est recommandé de les frotter avec un pull ou un t-shirt avant de les faire se rencontrer. Accordez moins d'attention au chaton (ou faites semblant) et occupez-vous essentiellement du premier chat. Si vous remarquez que le nouvel arrivant ne lui prend rien, c'est que la tension est déjà bien retombée. S'ils se nettoient réciproquement, la glace est rompue.

Chaton et chien : Un chien bien éduqué a l'étoffe pour être le meilleur ami et protecteur du chaton une fois que les deux seront habitués l'un à l'autre et que le chien aura appris que Minou fait partie de la bande. Dès que votre chien est calme, s'il sent le parfum du chat à travers la porte fermée, vous pouvez vous munir de quelques friandises, tenir le chien en laisse et ouvrir la porte au chaton. Une nouvelle fois, faites comme si vous ne vous intéressiez pas au chaton et récompensez le chien, s'il ignore lui aussi le félin. Ne laissez pas votre chien fuir le nouveau venu, mais, au contraire, félicitez et récompensez-le s'il s'en approche gen-

timent et calmement. Au début, il peut y avoir quelques incompréhensions pendant les jeux, car les chiens et les chats ne communiquent pas de la même façon. Un chien qui remue la queue veut dire « je suis heureux », alors que le chat manifeste ainsi sa colère. Relever la patte avant est chez le chien une invitation au jeu, alors que le chat s'en sert pour prévenir ses attaques. Ainsi, leurs gestes engendrent les mauvaises réactions. Cependant, les deux apprennent très vite la langue de l'autre.

Chaton et petits animaux : Les grands lapins et les chatons peuvent se câliner de temps en temps, mais ils ne deviendront pas de véritables camarades de jeux, car les deux animaux ont des comportements sociaux et de jeux complètement différents. Les lapins préfèrent la compagnie de leurs semblables, les chatons sont trop grossiers pour eux. Gardez un œil sur les animaux, quand ils se rencontrent sans barrière. Les autres petits animaux et oiseaux entrent tout à fait dans les proies de votre animal. Mieux vaut les garder à l'abri dans leur cage si le chaton est dans la pièce ou les garder dans une pièce où le félin n'a pas accès. Pour conclure, la cohabitation entre les hommes et les animaux ne doit être source de stress pour personne.

ASTUCE

Le partenaire canin

Si votre chien se comporte avec calme et de manière détendue, sans course-poursuite, vis-à-vis de votre chaton, vous pouvez détacher la laisse. Assurez-vous que tout est en ordre et veillez à ce que le chat ait toujours une issue de secours et qu'il dispose de plusieurs cachettes.

Une alimentation saine

« Mange si tu veux devenir grand et fort », c'est ce qu'on dit aux enfants qui n'ont pas d'appétit. Les chatons n'ont pas besoin d'être sollicités : ils aiment ce qui les rendra « grands et forts ».

Viande et autres aliments

Les chats sont des carnivores. Certes, mais on ne peut pas faire grandir un chaton seulement avec de la viande. Un coup d'œil sur le menu des ancêtres sauvages de votre compagnon vous révélera ce dont son organisme a absolument besoin.

LES ANCÊTRES SAUVAGES du chaton vivent de la chasse. Alors que les grands chats capturent non seulement de petits animaux, mais aussi des gazelles et d'autres ongulés, les petits félidés recherchent plutôt des proies de la taille d'un rat. Le menu se compose de petits rongeurs ainsi que, parfois, de grenouilles, de poissons et (s'ils se laissent attraper) d'oiseaux. La domestication n'a rien changé à leurs principes. Le système d'assimilation du chat est adapté de manière optimale à la consommation de proies : de sa dentition typique de carnassier, qui déchiquette sa proie, à l'intestin, dont les muscles transportent vite et en profondeur les aliments vers son estomac particulièrement élastique. Ses sucs gastriques entrent alors en jeu pour décomposer la nourriture. Le résultat arrive alors dans l'intestin grêle, où la plupart des aliments sont absorbés. Ce qui n'est pas utilisé par le corps est transporté vers la sortie par l'intestin du chat, relativement court.

De pied en cap

Les chats avalent leurs proies avec leur poil, leurs os et le contenu de leur estomac et de leur intestin. C'est ainsi que le carnassier obtient une alimentation complète. La viande contient certes les éléments essentiels à son alimentation (protéines et matière grasse), mais les os, les arêtes ainsi que le contenu de l'estomac et de l'intestin des proies regorgent également de vitamines indispensables, d'oligo-éléments et de minéraux. Les viscères de ses proies contiennent des céréales et d'autres végétaux prédigérés utilisés par l'organisme du chat. Les poils, les tendons et autres éléments indigestes font office de fibres alimentaires. Pendant des siècles, nos chats domestiques ont vécu, comme leurs ancêtres, principalement de la chasse. Ils

Trouvé ! Difficile à croire, mais le contact visuel direct freine le petit chasseur. Ce n'est que lorsque la souris va s'enfuir qu'il l'attaquera avec sa patte.

Après le sevrage, l'eau est la meilleure boisson pour votre chaton.

attrapaient alors des souris et d'autres petits animaux. Les plus chanceux recevaient un bol de lait et des têtes de poisson. Jusque dans les années 1960, le repas des chats de ville, de campagne et d'appartement se composait des restes laissés par les hommes : des pâtes, du riz et des pommes de terre avec de la sauce et un peu de viande ou de poisson. On y ajoutait parfois du foie, des rognons, du cœur ou du poumon et on donnait aussi un morceau de muscle ou de poisson en plus. On faisait alors peu de cas de l'alimentation du chat : il recevait ce qu'il y avait et cherchait le reste.

Une offre énorme

Aujourd'hui, l'approche est différente. D'une part parce qu'il n'y a désormais plus tellement de proies dans nos habitations : avant, un chat pouvait capturer 10 à 20 souris pour sa ration quotidienne alors que la chasse est devenue quasi impossible de nos jours. D'autre part, parce que la prise de conscience d'un besoin en alimentation saine s'est faite de plus en plus présente, que ce soit pour les hommes, mais aussi pour nos amis à quatre pattes.

En parallèle s'est développée une offre considérable de plats préparés pour les chatons, les chats adultes, les vieux chats, les chats actifs ou paresseux, les chats en bonne santé et les chats malades. Cette alimentation de qualité a été développée avec des biologistes, des nutritionnistes et des vétérinaires qui se sont penchés sur les éléments de base de l'alimentation de nos amis et la relation entre ces différents ingrédients.

Dans l'idéal, ces aliments doivent se rapprocher de l'alimentation complète naturelle du chat, c'est-à-dire contenir une « proie en conserve », la base de l'alimentation simple et riche du chat.

Cuisiner pour le chat

Nourrir son chat avec une alimentation préparée par vos soins n'est pas une mince affaire. Si vous voulez le faire, évitez de vous baser sur votre propre alimentation : en effet, les aliments adaptés aux hommes sont trop pauvres en protéines, trop caloriques et trop riches en féculents. De plus, l'assaisonnement est trop prononcé pour le palais du félin. Une alimentation exclusivement composée de viande, de poisson et d'abats n'est pas non plus adaptée aux chats :

- La viande seule contient trop peu de calcium, mais trop de phosphore (le rapport idéal entre les deux minéraux est de 1,2 pour 1). Cela peut conduire à long terme à des carences en calcium, des troubles osseux voire des fractures spontanées; l'excédent de phosphore peut poser des problèmes articulaires.
- L'apport en vitamines est important. De nombreuses vitamines sont détruites par la cuisson et les blancs d'œufs crus et le poisson cru dérobent une partie de la vitamine B. Trop de foie peut conduire à un excédent de vitamines A et D, ce qui peut mener à des néoplasmes, des problèmes moteurs et provoquer des dégâts aux organes internes.
- Cette alimentation manque de fibres alimentaires, c'est-à-dire d'éléments indispensables tels que les poils et les tendons des proies. À long terme, cela peut engendrer des problèmes digestifs.
- Les abats, comme le foie et les reins, contiennent souvent des produits nocifs pour l'organisme du chat.

Substituts alimentaires

Si vous voulez néanmoins cuisiner vous-même pour votre chaton, incorporez à l'alimentation de votre chat une préparation à base de calcium (mieux vaut en parler au préalable avec le vétérinaire) et complétez-la avec quelques vitamines. Parmi ces dernières se trouve la vitamine B, à incorporer sous forme de flocons d'avoine. De plus, ajoutez à la viande ou au poisson environ 10 % de riz, d'orge ou d'un autre féculent.

LE SAVIEZ-VOUS ?

La plupart des chats ne tolèrent pas le lait

De nombreux chats aiment bien laper du lait et de la crème, mais ils paient leur gourmandise avec des diarrhées et des maux de ventre. Le coupable ? Le sucre contenu dans le lait (lactose), que le chat ne digère guère. Le lait n'est donc pas recommandé comme boisson. Vous pouvez cependant lui proposer d'autres sources de vitamines et de calcium avec des produits laitiers comme les yaourts ou la faisselle, qui contiennent peu de lactose et provoquent moins de troubles digestifs.

Aliments crus : sans risque ?

Les chats chasseurs avalent leurs proies crues. Cependant, il leur arrive d'attraper ainsi des vers ou d'autres parasites. La viande crue du commerce peut elle aussi contenir des agents pathogènes.
La viande de porc crue est formellement interdite, car elle peut contenir le virus Aujetsky, mortel pour les chats et les chiens. La plupart des vétérinaires recommandent à ceux qui préparent la

Une fontaine donnera de l'eau fraîche à votre chat, mais certains préfèrent de l'eau sans remous.

nourriture de leurs chats de ne leur servir que des aliments cuits.

BARF

Actuellement, une nouvelle tendance fait fureur en ce qui concerne l'alimentation des chats et des chiens, le BARF. Cet acronyme signifie « Bones And Raw Food » (os et aliments crus), que l'on peut traduire par « nourriture crue biologiquement appropriée ». Cette alimentation se compose de viande crue de la meilleure qualité, mais aussi d'os crus et de plusieurs compléments alimentaires. Cette méthode nécessite de travailler la matière et a un certain coût (→ page 74), mais de nombreux chats semblent l'accepter.

Les aliments secs

Les aliments secs conviennent bien à la nature du chat qui aime manger souvent par petites quantités; les croquettes restent ainsi longtemps fraîches et croquantes dans son écuelle. De plus, par leur effet abrasif au cours de la mastication, les croquettes favorisent le détartrage des dents du chat et contribuent à la prévention des affections dentaires. Très pratiques, elles se conservent longtemps dans leur étui ou leur sac. Cependant, les aliments secs contiennent une part de céréales plus importantes que les aliments humides. De plus, ces petits morceaux de nourriture concentrée contiennent au maximum 15 % d'humidité (contre 80 % pour les aliments en boîte). Votre chat doit compenser ce manque d'humidité en buvant beaucoup, sinon il risque de souffrir de calculs et de troubles rénaux. Les vétérinaires recommandent donc généralement les croquettes pour leur côté pratique, hygiénique, équilibré et économique mais attention à bien donner régulièrement de l'eau à votre chat.

Et à boire ?

Dans la nature, dès qu'un chaton est sevré, sa seule boisson est de l'eau. Proposez à votre compagnon au moins une gamelle d'eau propre. On trouve dans le commerce des fontaines spéciales d'où s'écoule de l'eau fraîche et appréciée par bon nombre de matous. Elles ne font cependant pas l'unanimité. En plaçant plusieurs gamelles dans la maison et en changeant l'eau par alternance, vous satisferez tout le monde. D'ailleurs, votre chaton a le droit de temps en temps à une petite gourmandise sous forme d'un petit bol de lait. Choisissez du lait adapté aux chats, allégé en lactose, que l'on trouve en magasin.

Programme alimentaire

Du général au particulier : il est question de votre petit tigre, vous devez donc le nourrir sainement. Bien entendu, il a lui aussi son mot à dire et ramène de son premier foyer quelques suggestions.

QU'EST-CE QU'IL Y A dans la gamelle? Au cours des premiers jours, la question ne se pose pas : votre petit protégé reçoit la même nourriture que celle qu'il mangeait dans sa première maison. Elle intervient en revanche lorsque ces aliments ne correspondent plus aux exigences d'une alimentation saine : un changement brutal nuira au système digestif sensible de votre animal et causera souvent diarrhées et vomissements. Le mieux est d'introduire ses nouveaux aliments dans sa nourriture habituelle progressivement, jusqu'à la remplacer complètement. De cette façon, vous tromperez cet animal d'habitudes qu'est votre chaton, au cas où il n'aurait pas été habitué aux bons aliments.

Deux règles importantes

Pour nourrir sainement votre chaton, deux règles prévalent :

Les chats ont besoin de viande! Seules les protéines animales apportent à ce prédateur de la taurine (un acide aminé que l'organisme ne peut pas produire). En son absence, l'acuité visuelle, le cerveau et les muscles peuvent mal se développer. De la même façon, certains acides gras indispensables ne peuvent être assimilés par votre chaton que s'il les consomme avec de la graisse animale.

La viande seule ne suffit pas! Les vitamines, les minéraux et les oligo-éléments provenant d'autres sources contribuent à la solidité des dents et des os et participent à une peau saine, un beau poil et un système immunitaire efficace.

Du bon côté

Si vous ne voulez plus vous casser la tête quant à l'alimentation de votre chat, tout en étant sûr que votre chaton reçoive une alimentation optimale, basez-vous sur des aliments prêts de qualité. « De qualité » signifie que la viande tient la plus grande part. L'étiquette de la boîte vous informera sur sa teneur en viande. Si c'est le cas, cette

ASTUCE

Peser votre chaton

Vous pouvez mettre votre bébé chat dans un saladier et le placer sur votre balance. Soustrayez ensuite le poids du saladier. Quand le chat sera plus grand, montez sur la balance avec le chat après vous être pesé seul.
La différence entre les deux mesures vous donnera le poids de votre chat.

boîte pourra être utilisée comme nourriture exclusive de votre chaton. Les aliments complémentaires peuvent être certes de qualité, mais ils ne couvriront pas tous ses besoins.
La liste des ingrédients indique la composition et la proportion de chaque ingrédient. Le premier de la liste est celui qui est présent en plus grande quantité. Mieux vaut que le type de viande soit précisé et qu'elle représente l'essentiel de la ration. Les conservateurs doivent être des antioxydants naturels comme la vitamine E ou C, et non des conservateurs chimiques. Colorants, arômes artificiels, sucre et caramel ne doivent pas entrer dans la composition. Regardez aussi les recommandations nutritionnelles (ration quotidienne). Elles sont généralement établies pour un chat adulte de trois à quatre kilos. Elles s'élèvent donc de 150 à 400 g pour des aliments en conserve et de 40 à 80 g pour des aliments secs. Plus elle est faible, mieux la nourriture sera assimilée par l'organisme.

Nourriture spéciale chatons

De nombreux fabricants proposent de la nourriture spécialement destinée aux chatons, plus riche en protéines et en énergie. Cela est judicieux, car ces petites boules d'énergie ont des besoins plus élevés : vous pouvez donc nourrir sainement votre chaton. La nourriture pour chaton est un très bon choix si votre chaton a besoin d'être remis en forme. Cette teneur élevée en calories n'est pas sans

Mon chaton est-il facile à nourrir ?

Les chats sont des individualistes, y compris pour la nourriture : ils ne mangent pas tous de la même façon et n'ont pas les mêmes goûts. Ce test vous dira si votre chaton se montre coopératif sur le plan de son alimentation ou s'il manipule la main qui le nourrit.

Début du test :

○ Votre chaton vide-t-il complètement sa gamelle lorsque vous le servez ?

○ Ignore-t-il sa gamelle lorsque vous lui servez quelque chose qu'il n'aime pas ? Se lance-t-il dans une grève de la faim jusqu'à ce que vous lui proposiez des aliments qu'il apprécie ?

○ Aborde-t-il sa gamelle avec envie ou mange-t-il lentement et avec méfiance ?

Résultat du test :

De temps en temps, votre chaton a droit à une petite sucrerie pour le récompenser.

conséquence : ce qu'un chat dépense sans problème quand il est petit pèse plus tard sur sa silhouette. Diminuez donc progressivement l'apport en nourriture pour chaton lorsque le félin est âgé de 8 à 10 mois. Âgé d'un an maximum, il devra consommer exclusivement de la nourriture pour chat adulte.

Quand ? À quelle fréquence ? Combien ?

Les chatons ont besoin de plusieurs repas par jour. Le réservoir d'énergie se vide rapidement et doit être aussitôt rechargé. Évitez néanmoins de trop le nourrir et contrôlez régulièrement le poids de votre chaton (→ Astuce, page 71).

De trois à quatre mois : Votre chaton doit prendre quatre à cinq petits repas par jour. Le premier repas (60 à 75 g d'aliments) doit être servi au réveil et les suivants toutes les trois à quatre heures. Si vous n'êtes pas chez vous en journée, laissez un bol de croquettes haut de gamme représentant l'équivalent de deux repas (soit 30 g environ).

De cinq à six mois : Prévoyez trois à quatre repas de 75 à 100 g, toutes les 4 à 5 heures. Si le chaton reste seul la journée, laissez-lui 40 g de croquettes (équivalent de deux repas).

À partir de sept mois : Servez un repas de moins et augmentez les intervalles d'une heure. La ration sera de 150 à 180 g d'aliments en conserve et, si nécessaire, un peu de croquettes pour les petits creux quand vous n'êtes pas à la maison.

À partir de neuf mois : Votre chaton peut manger comme un grand. Deux repas par jour, un le matin et un le soir, 150 à 200 g d'aliments en conserve. Si vous travaillez à l'extérieur, servez les repas de votre chat dès que vous rentrez à la maison et qu'il vous accueille. Les croquettes serviront alors d'en-cas.

De quoi patienter

Vous trouverez dans le commerce toute sorte d'en-cas et de friandises pour les chats. Ils ne sont pas indispensables dans le cadre d'une alimentation saine, mais ils peuvent, par exemple, être utilisés comme récompense pendant l'éducation de votre compagnon (→ pages 93 et suivantes). Utilisez-les toutefois occasionnellement, sans quoi votre chaton recevrait une trop grande quantité de féculents.

Questions- réponses : Nourriture et alimentation

J'ai entendu dire qu'un jour de jeûne serait bénéfique pour le chat. Dois-je y habituer notre chaton de 6 mois ?
Je vous le déconseille ! À tout âge, les chats doivent consommer des protéines animales pour bénéficier des acides animés essentiellement et des acides gras dont ils ont besoin et que leur corps ne produit pas. Consommer de la taurine régulièrement est particulièrement important pour votre chaton. Si son alimentation est interrompue, cela peut provoquer des troubles cardiaques et visuels.

Je souhaite nourrir nos deux chatons avec des aliments en conserve tout en leur proposant une à deux fois par semaine des plats préparés par mes soins. Dans ce cas, dois-je y ajouter des vitamines et des minéraux ?
En principe, avec des aliments en conserve de qualité, vos deux chatons devraient recevoir tous les nutriments dont ils ont besoin en quantités suffisantes. De plus, vous n'avez pas à vous préoccuper des compléments alimentaires. Cela ne leur fera aucun mal si vous parsemez sur les plats que vous leur préparez quelques flocons d'avoine ou d'un jaune d'œuf dur.

J'ai entendu dire beaucoup de bien de la méthode BARF. N'est-ce pas dangereux de donner des aliments crus à mon chat ?
La viande crue peut contenir des parasites et d'autres maladies. Si vous souhaitez passer à une alimentation crue biologiquement adaptée, voici quelques principes de précaution à respecter : utilisez seulement de la viande de bonne qualité et préparez-la sans attendre (sinon, découpez-la en morceaux ou hachez-la et congelez-la en portions). Ne décongelez pas la viande aux micro-ondes sous peine de cuire les os, qui risquent, contrairement aux os crus, de se fendiller. Ne lui donnez pas plus de 30 % d'os (excédent de calcium). Si votre chat ne veut manger que des aliments crus, il faudra lui donner des compléments alimentaires. En revanche, si les aliments crus ne constituent qu'une fraction de son alimentation, vous n'avez rien à faire de particulier.

Notre chat régurgite souvent des boules de poils. Puis-je l'en empêcher avec de la nourriture ?
Veillez à garder à disposition un petit bol d'herbe à chat, qui facilite la régurgitation du chat. Minou acceptera peut-être un peu de pâte de malt sur le bout de votre doigt, quelques gouttes d'huile d'olive dans sa nourriture ou, de temps à autre, une pointe de couteau de beurre. Ces aliments faciliteront le passage des poils dans l'intestin.

Je dois m'absenter régulièrement un jour ou deux et je ne peux déranger à chaque fois la personne qui garde mon chat. Comment puis-je faire pour que mon chat mange des aliments frais ?
Dans le commerce se trouvent des distributeurs d'alimentation qui stockent la nourriture et sont équipés d'une minuterie. Ils libèrent la nourriture à l'heure programmée. Quand il fait chaud, les batteries de froid situées dans la partie inférieure de l'appareil veillent à la conservation des aliments.

Nous-mêmes ne consommons pas de viande et nous avons récemment découvert de la nourriture végétarienne pour chat enrichie en taurine. Ne serait-ce pas l'idéal pour notre chaton ?
Les chats sont des carnivores, comme l'indique leur structure physique, leurs organes digestifs et leur comportement. Ils doivent donc recevoir une alimentation qui correspond à leurs besoins naturels. Les aliments végétariens, enrichis plus ou moins naturellement de taurine, n'en font pas partie.

Mes chats sont des petits mangeurs qui préfèrent se servir quand ils le veulent. On m'a dit qu'il valait mieux retirer la nourriture une heure après l'avoir servie. Est-ce exact ?
Par nature, les chats mangent quand ils le souhaitent. Un « buffet libre-service » va à l'encontre de leurs habitudes. Je vous propose néanmoins une autre méthode : dans la nature, les souris n'attendent pas que le chat vienne les manger. Si de la nourriture est disponible en permanence, le plaisir de manger peut diminuer. Ainsi, jetez les restes d'aliments en conserve une demi-heure à une heure après les avoir servis et proposez au prochain repas des aliments frais dans une gamelle propre. Les croquettes seront gardées dans un endroit inaccessible jusqu'au prochain repas. Vous pouvez servir un peu de croquettes dans un endroit inaccessible jusqu'au prochain repas. La méthode « table rase » vous aidera à mieux comprendre le comportement alimentaire de votre chat et de pouvoir réguler son alimentation plus rapidement.

Les chats n'aiment pas vraiment les pâtées en boîte qui sortent du réfrigérateur. Malheureusement, je ne peux pas toujours sortir la boîte deux heures avant le repas. Comment puis-je remettre rapidement la nourriture à température ambiante ?
Un bain d'eau chaude rapide relèvera la température de son repas. Vous pouvez aussi ajouter un peu d'eau chaude dans sa nourriture. Veillez cependant à ce que cela ne devienne pas trop liquide.

5. Bien soigné et en bonne santé

La nature a doté tous les chatons de l'instinct de prendre soin de leur pelage. Pour grandir sainement, il lui faut cependant un peu d'aide de votre part.

Les soins, source de bien-être

Un chaton consacre bien trois heures aux soins de sa fourrure et de son corps. Si une main humaine vient l'aider, cela fera non seulement du bien au chat, mais il bénéficiera également d'un coup de pouce vers un développement sain.

DÈS SIX SEMAINES, les chatons sont capables de nettoyer leur poil comme les grands et d'y consacrer jusqu'à trois heures par jour. Le programme de nettoyage est bien ancré dans les gènes du chat : ainsi, ce petit chasseur garde un pelage lisse pour ne pas être gêné dans les sous-bois, atténuer les odeurs qui pourraient trahir sa présence auprès des prédateurs et entretenir ses armes. De plus, ses contorsions aventureuses constituent un formidable programme d'exercice physique. Point le plus important : les soins du corps sont un plaisir que la nature a transmis en héritage à tous les chats, même le vôtre.

Beaucoup d'implication

Il en faut plus à nos petits pensionnaires pour atteindre un bien-être parfait : l'implication attentionnée de leur maître. Les chatons qui sont caressés régulièrement par leur maître se sentent non seulement mieux que leurs congénères (qui doivent se débrouiller sans caresses), mais ils se développent également mieux. Les caresses renforcent le système immunitaire, étoffent le lien de confiance entre l'homme et le chaton et lui font tout simplement du bien.

Des soins du pelage agréables

Habituez le plus tôt possible et en douceur votre chaton au peigne et à la brosse, qu'il ait un pelage long ou court. Même les chats à poil court absorbent des poils en se nettoyant pendant la mue. Des boules de poils se forment alors dans leur estomac, et ils doivent les régurgiter. La brosse et le peigne leur épargneront donc quelques-unes de ces boules de poils à l'automne et au printemps. Si vous faites de ce moment de soin un véritable rituel bien-être (en utilisant comme socle une serviette claire réchauffée), votre chaton prendra cela pour un moment de pure détente.

Quel plaisir ! Des soins délicats avec une brosse souple pour bébé font tellement de bien !

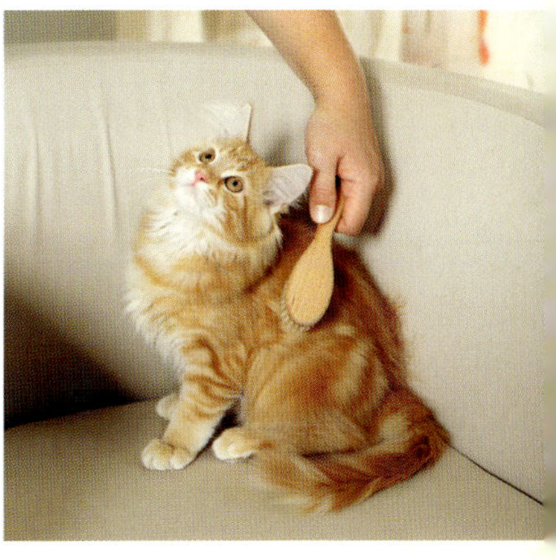

À contrôler

1 **Mâchoire :** Appuyez doucement sur les babines et regardez dans la gueule. Les dents sont bien blanches et les gencives roses ? Alors, tout va pour le mieux !

2 **Yeux :** Retirez les saletés situées aux coins des yeux avec un petit mouchoir propre ou une lingette humide.

3 **Oreilles :** Un mouchoir frotté avec précaution à l'intérieur du pavillon de l'oreille doit rester propre et sans odeur.

Votre chaton à poil court doit être brossé une à deux fois par semaine, quand la mue a lieu en automne et au printemps, mais aussi le reste du temps. Laissez glisser le peigne aussi doucement que possible de la tête à la queue et n'oubliez pas non plus le ventre, les aisselles et le sexe. Retirez les poils éliminés avec une brosse souple. Les chatons aux poils très courts, comme le Siamois ou le Birman, ont besoin qu'ils soient lustrés : humidifiez un chiffon en peau fin et souple avec de l'eau chaude, pressez-le et passez-le doucement sur le corps du chat. Pour la plupart des chats à poil court, un gant à picot suffit.

Pour votre chat à poil long, faites de ce moment de brossage un rituel quotidien, si possible en l'associant à beaucoup de caresses et à une petite récompense (→ Astuce, page 79). Grâce à des soins quotidiens, vous pourrez retirer sans effort les amas de poils. Si vous attendez, ils risquent de plus gros nœuds qui devront être coupés au couteau à découdre.

Un contrôle santé en passant

Pendant ce rituel de soins, observez bien votre chaton de la tête à la queue. Ainsi, vous pourrez faire le point sur sa santé (→ Check-list, page 54) et identifier les problèmes potentiels. Les invités indésirables se repèrent lorsqu'ils entravent le peigne ou laissent des points noirs sur sa surface (des déjections de puces), qui donnent des traces rouges quand on les essuie. Le vétérinaire vous proposera des produits supportables et faciles d'utilisation contre ces suceurs de sang.

Les yeux doivent être clairs et la membrane nictitante (la troisième paupière) ne doit pas être visible. Si elle l'est, cela peut être le signe d'une maladie (→ page 87).

Les oreilles doivent être propres et sans odeur. Nettoyez de temps en temps le pavillon interne de l'oreille avec un mouchoir. Si vous trouvez des traces de saleté et une odeur désagréable, c'est le signe d'acariens d'oreille. Là, le vétérinaire est demandé. N'introduisez jamais

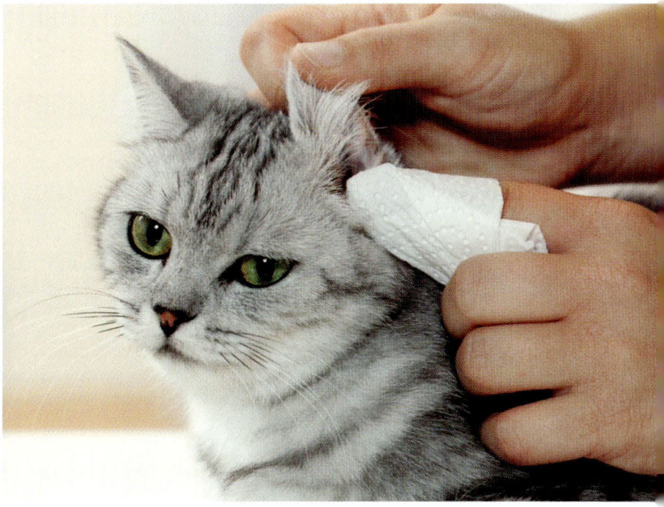

de coton-tige dans le conduit auditif, cela pourrait provoquer de mauvaises blessures.

Les dents : Appuyez doucement avec le pouce et l'index sur la babine afin de dégager les dents. Si les gencives sont rose corail et que les dents sont blanches, tout va bien. Le tartre se reconnaît à sa couleur et à l'haleine du chat. Le plus simple est de demander à votre vétérinaire d'examiner la gueule de votre chaton pendant un rendez-vous de vaccination. Minou fait peut-être partie de ces courageux qui se laissent brosser les dents. On trouve dans le commerce des brosses pour doigt et du dentifrice au goût de poisson.

Les pattes doivent être lisses, les coussinets ne doivent pas être griffés. Votre chaton entretient ses griffes en les aiguisant consciencieusement et retire lui-même les ongles morts des pattes arrière avec ses dents. Il est rare de devoir l'aider avec un coupe-ongles. Votre vétérinaire vous montrera comment vous y prendre.

L'anus doit être propre et ne doit présenter ni croûtes ni dépôt. Ces derniers peuvent signaler la présence de vers. Encore une fois, votre vétérinaire vous proposera un traitement contre ces parasites.

ASTUCE

Rendre le peigne amusant

Pendant le brossage, procédez très délicatement et parlez tendrement à votre chaton. Ne lésinez pas sur les compliments s'il est patient et accordez-lui une friandise en récompense. Terminez par une séance de jeu ou de câlins, selon l'humeur de votre chaton.

Prévenir les maladies

Un chat bien nourri et soigné tombe rarement malade. Une prévention attentive contribue également à protéger Minou des maladies, en particulier pour les chatons, dont le système immunitaire en développement les rend sujets aux infections.

LES CHATONS vivent dangereusement. Le lait de leur première tétée maternelle, le colostrum, agit comme une sorte de « vaccin » contre toute sorte d'infections. Cette protection disparaît au bout de la neuvième semaine. Les parasites, les virus et les bactéries auraient alors la voie libre si l'homme, en tant que responsable de la santé du chat, ne les empêchait pas d'agir.

Un environnement soigné

Vous pouvez prévenir beaucoup de risques sanitaires en maintenant le cadre de vie de votre chaton bien entretenu et hygiénique. Inutile de vous lancer dans des mesures d'envergure, les petits gestes du quotidien auront déjà un impact notable.

Coin repas : Veillez à ce que Minou prenne ses repas dans une gamelle propre et nettoyée à l'eau chaude et qu'il n'y ait pas de restes des repas précédents. Ces derniers pourrissent rapidement et attirent les mouches et d'autres parasites.

Coin sommeil : Nettoyez les coussins et les matelas avec l'aspirateur. Lavez plus régulièrement les couvertures, les housses de coussin et les draps (les draps doivent être lavés à 70 °C minimum). Repasser les draps contribue à la fois à l'hygiène et au bien-être de votre chaton, qui appréciera de s'y plonger.

Coin toilette : Remplissez la litière d'une couche de 5 cm de gravier et retirez-en une fois par jour au moins les zones humides. Nettoyez-la aussi souvent que possible. Non seulement cela profitera à votre chaton, mais cela diminuera également les risques de toxoplasmose. Le bac à litière doit être nettoyé une fois par semaine à l'eau chaude et brossé.

Ustensiles d'entretien : Gardez propres les peignes, les brosses et tout ce qui sert au nettoyage du pelage. Si votre chaton a un problème, les ustensiles devront alors être lavés après chaque utilisation.

Pas très en forme ? Mieux vaut se rendre trop souvent chez le vétérinaire que pas assez.

Mon chaton est-il en forme ?

Vous voulez savoir si votre chaton se sent bien dans son pelage et s'il est en bonne santé. Son comportement au quotidien peut vous en dire beaucoup sur le sujet, comme d'ailleurs sa curiosité, ses initiatives et son envie de jouer.

Début du test :

○ Levez-vous un peu plus tard que d'habitude : votre chat vous accueille-t-il au réveil ?
○ Invente-t-il ses propres jeux, comme renverser la corbeille à papier, dérouler le papier toilette, lancer de petits objets (non dangereux) à travers la pièce ?
○ Répond-il volontiers à vos invitations à jouer et semble-t-il apprécier de se dépenser ?
○ Vous suit-il avec curiosité lorsque vous sortez de la pièce ?

Résultat du test :

Vétérinaire conseil

Difficile de s'occuper seul de la santé de son chaton sans l'aide d'un spécialiste. Fiez-vous aux vétérinaires recommandés par vos amis lorsque vous rechercherez le vôtre. Vous pouvez aussi vous renseigner sur Internet ou demander à des associations d'éleveurs, de protection des animaux ou de vétérinaires (→ page 141), en qui vous pourrez avoir confiance. Voici quelques conseils pour vous aider à vous orienter et à prendre votre décision :

- Son cabinet est bien équipé et il sait s'y prendre avec les chats.
- Son cabinet est facile d'accès pour vous (important si vous devez vous y rendre d'urgence).
- En cas d'urgence, le vétérinaire est joignable hors des heures de rendez-vous et prêt à faire une visite à domicile.

À l'heure chez le docteur

Votre chat doit voir son vétérinaire au plus tard au moment de la vaccination. Seuls les vaccins peuvent le protéger des infections les plus dangereuses; ils doivent être renouvelés régulièrement (→ Programme de vaccination, page 83). Si tous les vaccins de votre chaton sont à jour, vous serez à l'abri de bien des soucis. Rendez-vous sans tarder chez le vétérinaire si vous soupçonnez une maladie (→ pages 86-87). Les changements de comportement sont des signaux d'alarme et ont parfois des causes que le vétérinaire peut facilement guérir.

En voyage

Si vous vous rendez à l'étranger avec votre chat, vous aurez besoin d'un passeport européen pour lui, qui mentionne ses vaccinations ainsi que son numéro d'identification. Une micropuce contenant ce numéro est également insérée sous la peau du chat par le vétérinaire (→ page 61).

Maladies infectieuses dangereuses

Les épidémies félines ne se transmettent qu'entre animaux ou de manière indirecte. Ainsi, le coriace parvovirus survit sur les vêtements, les chaussures, dans les tapis, etc. Même les chats d'appartement sans contact avec leurs congénères peuvent être contaminés. Les épidémies sont très contagieuses et agressives : plus de 90 % des chatons contaminés y succombent, la vaccination est donc indispensable.

Le coryza du chat est provoqué par l'herpesvirus et le calicivirus. Il est principalement transmis par les écoulements, rarement par l'intermédiaire d'objets. Il n'est pas rare que les animaux soient si affaiblis qu'ils en décèdent. Les chats d'appartement doivent également être vaccinés contre cette maladie.

La leucose féline s'attaque au sang et est provoquée par le virus de la leucose féline (FeLV). Elle est transmise par la salive des chats contaminés et peut provoquer des cancers du sang incurables. Les chats qui peuvent se promener dehors et ceux qui rencontrent des congénères inconnus (lors des foires par exemple) doivent être vaccinés. Le risque de nouvelle infection diminue avec l'âge, ce qui rend la vaccination non indispensable pour les animaux les plus vieux.

Le PIF signifie péritonite infectieuse féline. Les coronavirus en sont à l'origine et passent d'un animal à l'autre. Cette maladie incurable cause notamment une accumulation de liquide dans l'abdomen, des troubles respiratoires, des convulsions et endommage gravement les organes. Le déclencheur de la maladie n'est pas clairement identifié, mais le stress semble jouer un rôle important. Il existe un vaccin préventif, mais ses effets sont contestés.

Le VIF est le virus de l'immunodéficience féline. Ce rétrovirus est à l'origine de ce que l'on appelle le sida du chat. Cette immunodéficience dangereuse et incurable se transmet principalement par morsures. Il n'existe malheureusement pas de vaccin préventif.

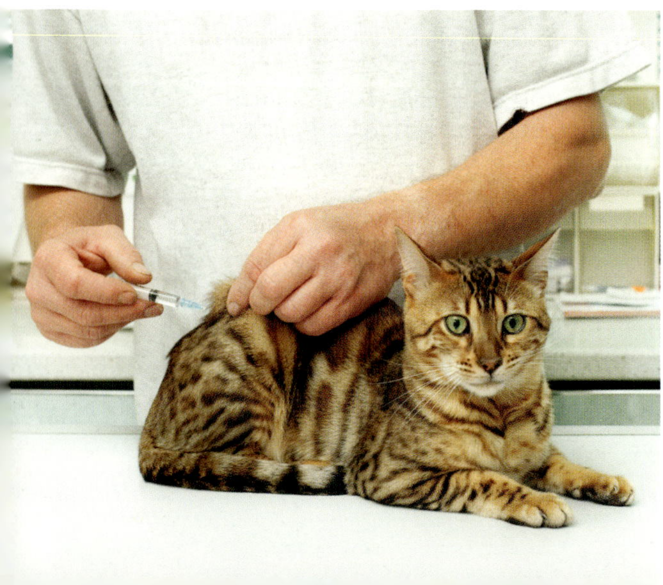

Votre chaton a-t-il reçu tous les vaccins nécessaires ? Ce sont eux qui le protégeront contre les infections dangereuses.

PROGRAMME DE VACCINATION POUR VOTRE CHATON

MALADIE	IMMUNISATION DE BASE		RAPPEL
	Primo-vaccination	Rappel	
Épidémie	8-9 semaines	12-13 semaines	Tous les 1 à 2 ans*
Coryza	8-9 semaines	12-13 semaines	Tous les 1 à 2 ans*
Leucose du chat	9-10 semaines	12-14 semaines	À déterminer avec le vétérinaire
PIF	16 semaines	20 semaines	Annuel
Rage	12 semaines	16 semaines	Tous les 1 à 3 ans

* selon le type de vaccin

La rage reste mortelle pour les chats et est la seule maladie infectieuse parmi celles citées à être également dangereuse pour l'homme. Le virus est transmis par la salive des animaux infectés (comme les renards, les souris et les autres rongeurs). Seul le vaccin peut prévenir cette maladie. Il est aussi recommandé pour les chats d'appartement et obligatoire lors des voyages à l'étranger.

La maladie d'Aujesky fait partie des pires maladies virales pour les chiens et les chats : toujours mortel, extrêmement douloureuse, associée à du prurit et à des cas de fureur. Il n'existe ni traitement ni vaccin, mais il reste un grand espoir : la seule source de contamination pour nos animaux domestiques est la consommation de viande de porc crue. Ainsi, il suffit de la bannir du menu de nos chats. Si vous achetez de temps en temps des steaks hachés de bœuf ou de veau, assurez-vous qu'ils n'ont pas été hachés par la même machine qui hache la viande de porc. En outre, cuisez bien la viande dont vous ignorez la provenance.

Défenses immunitaires

Vers : La plupart du temps ce sont les ascaris qui tourmentent les chatons, quelques fois aussi les vers solitaires. Votre compagnon peut les attraper en consommant des souris, du poisson ou de la viande crue infectés.

Les puces aussi sont capables de transmettre des vers. Si votre chat en est victime, vous trouverez le médicament adapté chez votre vétérinaire. Si votre chaton a le droit de se promener à l'extérieur, il vous faudra faire analyser ses déjections tous les trois mois chez le vétérinaire et, si nécessaire, entreprendre

CHECK-LIST

Pharmacie pour chaton

Organisez la propre pharmacie de votre chaton dans un placard distinct. Voici ce qu'elle doit contenir :

- Accessoires : pincettes et ciseaux à bouts arrondis, pince à tique, thermomètre digital, vaseline, seringue à usage unique (sans aiguille) pour lui donner des médicaments liquides ou de la nourriture (en cas de grande faiblesse).
- Matériel de bandage : gaze, bande stérile, pansements, baume réparateur (toléré par les chats).
- En cas de blessures : désinfectant et cicatrisant (tolérés par les chats).
- Contre les parasites : produits antipuces et vermifuges (chez le vétérinaire).
- Médicaments : seulement si nécessaire et sur ordonnance.
- Médecine douce : fleurs de Bach en gouttes (Rescue Remedy) sans alcool pour l'apaiser dans les situations de stress, terre médicinale (en cas de diarrhées).
- Divers : couverture de survie ou plaid pour le protéger du froid, poches de froid (en cas de piqûres de guêpe ou d'abeille sur la patte), sachets plastique pour protéger les bandages des pattes, gants jetables.

un traitement vermifuge. Une à deux analyses par an suffisent pour les chatons d'appartement. Attention : les vers peuvent être transmis à l'homme, et surtout aux enfants, par le biais des déjections, prenez donc les précautions nécessaires.

Puces : Si votre compagnon se gratte de manière excessive, il est probablement victime de parasites cutanés et plus particulièrement de puces (→ page 78). Les nouveaux médicaments « Spot-on » que l'on trouve chez les vétérinaires sont très efficaces. L'environnement du chaton doit également être traité pour éviter la naissance d'une nouvelle génération de puces. Votre meilleur allié dans la lutte contre les puces est votre aspirateur, dans le sac duquel vous aurez inséré de la poudre antipuces. Traitez les couvertures et les coussins avec du spray antipuces puis lavez-les : le spray doit atteindre les puces, mais pas votre chaton. Un eczéma sec ou suintant témoigne souvent d'une allergie aux morsures de puces. Votre vétérinaire vous conseillera un médicament adapté.

Tiques : Si votre Minou se promène librement, vous devrez rechercher s'il ne ramène pas des tiques du printemps à l'automne. Leurs morsures peuvent transmettre les borrélioses, à l'origine d'une maladie qui affecte les articulations, le cœur et d'autres organes. Plus vous retirerez ces parasites avec une pince à tiques, plus vous diminuerez le risque.

Acariens : Les démangeaisons de votre chaton ne sont pas systématiquement dues aux morsures de puces. Elles peuvent aussi être provoquées par des acariens, qui transmettent la gale et d'autres maladies similaires, ou, lorsqu'il s'agit de gales des oreilles, rendre votre compagnon sourd. Au plus tôt votre

Mieux vaut prévenir que guérir, cela vaut également pour la santé de votre chaton.

vétérinaire viendra à bout de ces arachnides, moins votre chaton en souffrira.

Champignons : Les maladies de peau qui s'accompagnent de pertes de poils peuvent révéler des champignons, en particulier si vous remarquez des zones dépourvues de poils et rougies. Encore une fois, le mot d'ordre est : courez aussi vite que possible chez le vétérinaire ! Si le diagnostic s'avère exact, une hygiène accrue devient la nécessité absolue. Les caresses sans gants sont alors interdites, car les champignons sont facilement transmissibles à l'homme, mais peuvent être néanmoins facilement traités.

Microparasites

Votre chaton souffre-t-il régulièrement de diarrhées ? Si elles durent plus de deux jours, une visite chez le vétérinaire est indispensable. Apportez-lui si possible un échantillon de déjection. La cause peut en être les coccidies, des parasites microscopiques qui s'attaquent à la muqueuse intestinale. Votre vétérinaire vous aidera à en venir facilement à bout. Ce conseil vaut également pour les infections par *Giardia intestinalis*, des parasites intestinaux microscopiques, qui provoquent là encore des diarrhées et s'accompagnent de flatulences.

Toxoplasmose : C'est encore un microparasite qui est à l'origine de la toxoplasmose. Chez les chatons, il engendre une perte d'appétit et une légère fièvre. Pour les femmes enceintes, il peut se révéler dangereux et nuire au fœtus. Pas d'inquiétude : il n'est pas nécessaire de donner le chaton si vous attendez un enfant (→ page 132). Beaucoup de femmes ont déjà eu dans leur vie la toxoplasmose sans le savoir, un test suffit pour le vérifier. S'il est positif, cela veut dire qu'il n'y a aucun risque pour la mère et le bébé. Vous pouvez aussi faire tester votre chaton : trois analyses des matières fécales à raison d'une tous les deux jours révéleront, ou non, la présence d'ovocytes de toxoplasme. S'il n'y en a pas et que le chat reste uniquement en appartement, il ne présente pas le moindre risque. Même dans le cas contraire, quelques mesures de précaution suffisent à réduire le risque : ne pas consommer de viande crue ni quoi que ce soit qui provienne du jardin (la terre du jardin est souvent contaminée) et confier le nettoyage de la litière à une autre personne, qui portera alors des gants.

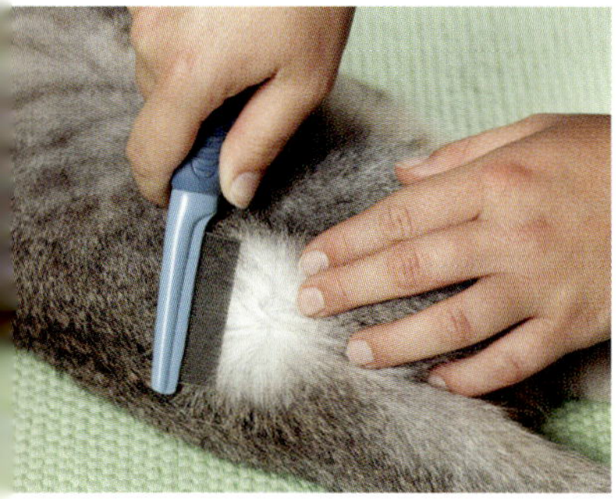

1 **Les parasites du poil :** Contrôlez ce qu'il reste dans la brosse et si des poussières sombres en tombent. Ces dernières proviennent des puces.

2 **Gale des oreilles :** En cas de gale des oreilles, votre vétérinaire prescrira des gouttes auriculaires. Insérez-les prudemment dans l'oreille et massez doucement pour qu'il oublie rapidement ce geste désagréable.

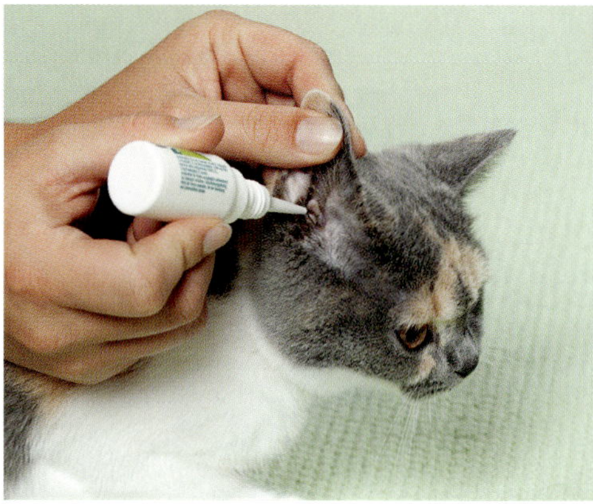

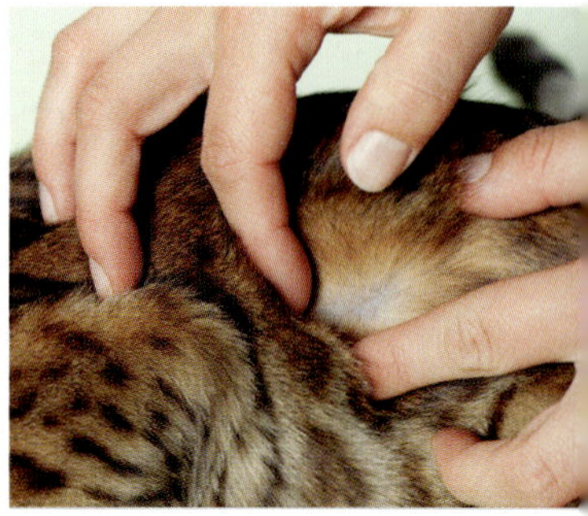

3 **Tiques :** Les chatons qui se promènent en liberté doivent être examinés tous les jours. Retirez immédiatement les tiques avec une pince spéciale.

Les signes avant-coureurs

Un contrôle régulier (→ pages 54, 78-79) vous permettra de vérifier que tout va bien. Que faire si votre chaton ne manifeste pas le même appétit, s'il réagit peu à vos invitations et ne montre pas sa curiosité habituelle ? Que faire s'il s'agite de manière effrénée ou au contraire se renferme sur lui-même ? Ces signaux peuvent indiquer une maladie. Ils peuvent aussi signifier seulement une indisposition passagère, que votre chat surmontera rapidement avec votre aide.
Règle d'or importante : Consultez immédiatement le vétérinaire lorsque les symptômes persistent plus de deux jours. Ce délai vaut également pour la plupart des autres signes avant-coureurs, même s'ils ne s'accompagnent pas de changements de comportement.

Aperçu des symptômes

Pertes d'appétit : Les causes en sont le stress, des irritations gastriques ou des infections. Regardez dans la gueule de votre chaton : une coloration foncée de la muqueuse et une haleine désagréable indiquent une irritation des gencives. Manger devient alors douloureux.
Problèmes de vue : Des yeux larmoyants ou fermés peuvent signaler une irritation de la conjonctive ou de la cornée. Premier geste à adopter : nettoyer les paupières avec une infusion de fenouil, éviter les courants d'air.
Diarrhées : Elles surviennent souvent en réaction à un aliment inhabituel et sont le signe d'une intolérance alimentaire (lait de vache, aliments trop froids). Observez l'état général de votre chaton et, au lieu d'aliments à mâcher, proposez-lui de la bouillie. S'il y a du

sang dans les selles, apportez votre chaton directement chez le vétérinaire.

Vomissements : Des aliments trop froids ou avalés trop vite ainsi que les boules de poils font partie des causes considérées comme inoffensives. Cependant, les vomissements peuvent aussi indiquer la présence de vers. Si votre chaton n'arrête pas de vomir ou que vous décelez la présence de sang, ce peut être le signe d'un empoisonnement. Courez chez le vétérinaire !

Toux : Elle peut indiquer une allergie ou la présence d'un corps étranger dans la gorge. Accompagnée d'éternuements, de difficultés respiratoires et de fièvre, elle peut signifier une maladie infectieuse. Il faut alors consulter le vétérinaire.

Convulsions : Ils peuvent être le signe d'une infection, d'un empoisonnement ou d'épilepsie. Recouvrez votre chaton d'une couverture et veillez à ce qu'il ne se blesse pas. Appelez tout de suite votre vétérinaire !

Griffures : Elles témoignent d'un parasite ou d'une allergie. Assurez-vous que votre chaton n'a pas d'éruption cutanée, qui atteste souvent d'une réaction allergique à la salive des puces.

Prolapsus de la glande de Harder : Cela peut être le signe de la présence de vers ou d'une autre infection ; il apparaît quand l'animal est totalement détendu. Si le chaton semble faible et malade, il n'y a pas une minute à perdre pour aller chez le vétérinaire.

Bave, frottement de la gueule : Probablement dû à un corps étranger. Ouvrez sa gueule en appuyant sur les babines pour les écarter. Si vous n'y arrivez pas, filez chez le vétérinaire !

Tituber, s'affaisser : Infection ou empoisonnement. Emmenez-le sans tarder chez le vétérinaire, prévenez le cabinet.

Blessure accidentelle : Retirez prudemment le chaton de la zone de danger, avertissez le cabinet vétérinaire et allez-y le plus vite possible.

Constipation : Le chaton a probablement mangé une trop grande quantité d'aliments secs, ou une boule de poils se trouve dans son estomac. Massez doucement son petit ventre, donnez-lui une sardine à l'huile ou ajoutez un peu d'huile dans son alimentation. Si la constipation dure plusieurs heures, allez immédiatement chez le vétérinaire !

Soins pour les petits patients

Si votre chaton ne se sent pas bien, il ne se plaindra pas, mais va plutôt se retirer dans un coin tranquille. Il a hérité ce comportement de ses ancêtres : en pleine nature, un chasseur manifestement malade deviendrait une proie pour d'autres. Vous aiderez au mieux votre matou en respectant son besoin de calme tout en gardant un œil sur lui.

Le lit du malade

Quand il est malade, placez si possible votre petit patient sur un carton plat et

ASTUCE

Bain de vapeur pour chaton

En cas d'infection respiratoire, les bains de vapeur peuvent être une solution. N'utilisez jamais d'huiles essentielles, qui risquent de provoquer des asphyxies, mais de la camomille. Mettez votre chaton dans sa boîte de transport, placez le bol de tisane devant la porte et éventez la vapeur vers lui.

Un contrôle régulier et des soins attentifs préviennent certainement maladies.

bien rembourré. Parfois, il peut être judicieux de recouvrir le rembourrage d'un lange que vous pourrez changer rapidement si nécessaire. Le lit doit être placé dans un endroit calme et sans courant d'air. La nourriture, l'eau et la litière doivent être facilement accessibles. Si votre patient est contagieux et qu'il y a d'autres animaux dans la famille, placez tout cela dans une chambre spéciale destinée au malade.

Les soins

Votre vétérinaire vous dira ce que vous pouvez faire pour votre ami malade, ce qui peut également inclure des gestes qui déplairont à votre chaton. Parlez-lui gentiment et doucement si vous devez toucher son pelage. Mieux vaut demander l'aide d'une seconde personne pour certaines manipulations.

Prendre la température est plus facile à deux. L'un des deux tiendra les épaules et les pattes avant du patient et l'autre insérera dans son anus le thermomètre enduit de vaseline. La température normale des chats se situe entre 38 et 39 °C.

Médicaments : Votre chaton les acceptera peut-être cachés dans des friandises (steak de bœuf, boulettes de veau haché) ou broyés dans une petite portion de son aliment favori. Si cela ne fonctionne pas, procédez à deux : l'un des deux tient le chat fermement, l'autre tient le comprimé entre le pouce et l'index dans la main droite et, de la main gauche, saisit la tête du chat et lui ouvre la gueule en appuyant avec le pouce et l'index. Avec le majeur, votre assistant guidera délicatement la mâchoire inférieure vers le bas et placera le comprimé en profondeur dans la gorge du chaton. Ensuite, il maintiendra la gueule fermée avec la main et caressera le gosier de Minet pour déclencher le réflexe de déglutition.

Médicaments et aliments liquides doivent être administrés avec une seringue en plastique (sans aiguille) sur le côté de la gueule. Rapprochez ses mâchoires, pressez les babines vers l'avant et injectez le liquide avec la main droite de manière à ce qu'il l'avale.

Rayons infrarouges : En cas de troubles respiratoires, à 50 cm de distance, ils peuvent être utiles à condition que l'animal n'ait pas de fièvre. Ce qui est agréable, c'est que votre chaton se laissera faire volontiers. Prenez-le sur vos genoux et profitez avec lui de ces dix minutes de rayonnement.

Soins au pelage : Si votre chaton est trop faible pour s'en occuper lui-même, procédez alors de manière complète : imprégnez un morceau de coton d'eau chaude et caressez votre chaton de la tête à la queue en passant le coton sur son pelage. Cela contribuera à son bien-être.

Devenir adulte

Un chaton évolue très vite et étonne les hommes : en quelques semaines, il passe d'un enfant maladroit à un adolescent habile. Il commence bientôt à s'intéresser à l'autre sexe.

À L'ÂGE de six ou sept mois, un chaton possède déjà ses dents définitives et son corps est élégamment proportionné. Dans la nature, c'est le début des choses sérieuses : le lien familial se dissout, souvent parce que la mère les incite à partir. Peu après, c'est l'instinct sexuel qui parle. Les femelles sont prêtes à se reproduire entre le septième et le neuvième mois, cela peut nécessiter un peu plus de temps pour les mâles.

Plus tôt qu'on ne le croit

Chez les Siamois et les autres races élancées, les femelles montrent les premiers signes d'une activité sexuelle vers l'âge de cinq mois, quatre mois dans les cas exceptionnels. Chez nos matous, cela peut même arriver plus tôt. Vous pensez peut-être que ce ne sont que des enfants, et vous avez raison. Encore petits, ils ne peuvent pas se reproduire : une portée trop jeune épuise l'animal, qui peut délaisser ses chatons. Ce type de naissance peut également engendrer des complications. Outre le fait qu'un chat donne naissance à quatre à cinq petits par portée, êtes-vous sûr de pouvoir leur donner à tous un foyer accueillant ?

Des signes qui ne trompent pas

Quand votre chaton en sera là, soyez attentif, et soyez-le encore plus si vous avez deux chatons. Ce n'est pas très compliqué, les signes avant-coureurs sont tout à fait clairs.

Mademoiselle roule

Tout cela se déroule normalement deux à trois fois par an et dure en principe une semaine. Pendant ce temps, le chat met tout en œuvre pour satisfaire son besoin et utilise les plus étroites fentes des portes et des fenêtres. Lorsque les chaleurs sont passées, madame ne fait plus grand cas des mâles. Que faire alors, supporter cette période et éloigner Minette des mâles ? Impossible ! Même

Une roulade pour s'amuser ou signe des chaleurs ? Lorsque le chaton ronronne et pousse des cris d'envie, son instinct sexuel est éveillé.

avec un chat d'appartement qui n'a jamais vu un mâle, l'excitation se faire ressentir et donne tôt ou tard lieu à des sortes de chaleurs qui sont extrêmement frustrantes pour les animaux et énervantes pour les hommes.

Le parfum du mâle

Chez le mâle, l'excitation sexuelle se ressent d'abord à l'odeur. Son urine prend clairement une odeur fauve et est généreusement répandue, y compris dans l'appartement. Même lorsque le mâle fait ses besoins dans son bac à litière, son urine reste imprégnée de ce « parfum ». Les chats d'appartement font tout pour sortir et partir à la recherche d'une fiancée. Il se fiche alors complètement des dangers. Lorsque les hormones les stimulent, les mâles n'hésitent pas à se battre avec des mâles plus forts et à émettre des chants menaçants.

Quand deux mâles vivent dans le même appartement, ils passent de camarades de sport et de jeux à de petits obsédés sexuels qui essaient continuellement de s'accoupler. Au printemps et en automne, les mâles cherchent souvent chaussure à leurs pieds. Il n'y a pas de limites dans le temps à son activité sexuelle : pour une femelle en chaleur, notre Roméo est toujours prêt.

Garder des mâles non castrés en appartement pendant cette période est impossible, ne serait-ce qu'à cause des odeurs. Les laisser sortir librement est irresponsable : un mâle est en quelques jours le père de douzaines de chatons au destin inconnu.

La solution

Voici comment vous pouvez venir à bout de cette situation : la castration est la meilleure solution, pour les deux sexes. L'ablation des gonades supprime à la fois la capacité de se reproduire ainsi que l'excitation. Plus de miaulements, de roulades ni de cris, plus de sérénades, de chants ni d'odeurs fétides.

LE SAVIEZ-VOUS ?

Les chats castrés vivent plus longtemps et en meilleure santé

Les chats castrés ont une espérance de vie plus longue d'environ cinq ans que leurs congénères fertiles. Après l'intervention, les mâles vivent moins dangereusement et courent moins le risque d'accident. Les femelles sont quant à elles protégées des gestations et des grossesses nerveuses ainsi que des tumeurs des mamelles et des irritations de l'utérus. Ces dernières sont fréquentes chez les animaux fertiles et peuvent être mortelles.

Les chatons découvrent le sexe

bien plus tôt qu'on ne le pense et ils sont déjà capables de donner naissance à des petits.

Quand faire opérer votre chaton ? L'entrée dans la puberté est le bon moment pour procéder à la castration. Prenez rendez-vous chez le vétérinaire si possible de manière à ce que vous puissiez être à la maison pendant que votre compagnon se remet heure après heure de l'opération et de l'anesthésie.

L'intervention

L'opération en elle-même fait partie de la routine de tous les vétérinaires : chez les mâles, les testicules sont supprimés et les cordons spermatiques coupés sous anesthésie. L'intervention dure 20 minutes à peine. L'opération est plus complexe pour les femelles, car il est nécessaire de réaliser une fente dans le ventre. Le vétérinaire retire les ovaires et une partie de l'utérus, puis la cicatrice est recousue. La procédure entière dure environ une heure. Une seconde visite peut être nécessaire quelques jours plus tard pour retirer les fils.

Des soins à domicile

Le patient encore étourdi doit alors trouver une place avec une couverture chaude et au calme ainsi que de toilettes et d'eau. Tout doit se situer au niveau du sol pour que le chaton n'ait pas à sauter après l'intervention. Il recevra de la nourriture dès qu'il recommencera à bouger normalement et ne sera plus sous le coup de l'anesthésie. Si vous êtes à proximité, parlez à votre chaton et observez la façon dont il se remet de l'opération. Certains félins n'ont pas très envie de caresses, d'autres les apprécient. Dès le lendemain, votre compagnon montrera déjà une plus grande envie de se dépenser. Le petit patient doit cependant rester au calme pendant quelques jours pour que la cicatrice ne s'ouvre pas à cause de mouvements trop importants et ne s'infecte pas.

Ce ne sont encore que des enfants, c'est pourquoi ils ne peuvent pas avoir de petits.

6.

Progresser, jouer et éduquer

Votre chaton sait déjà tout ce qu'il doit savoir sur la chasse et les relations avec ses semblables. Il est temps de passer à la seconde partie de son éducation, avec vous dans le rôle du professeur.

L'art d'éduquer un chat

« On ne peut pas éduquer un chat », dit-on toujours. Votre chaton sera la meilleure preuve du contraire. Lorsqu'il arrive chez vous, il a déjà reçu des bases solides. En tant qu'éducateur de votre chat, vous pouvez utiliser ces acquis.

UNE BONNE ÉDUCATION vaut de l'or. Les chatons aussi apprennent pour leur vie entière et reçoivent dans l'idéal un véritable trésor de compétences. Certaines, comme la chasse, le rituel d'hygiène, le langage corporel et oral multiple ainsi que ses gestes menaçants et dominants sont innés et n'ont pas besoin d'être enseignés. Ils vont être exécutés et répétés pendant l'enfance, y compris pour maintenir l'instinct en éveil. Les apprentissages classiques ne sont pas en reste, comme le montre l'exemple de la litière : les chats ont déjà naturellement tendance à enfouir leurs déjections. Les petits copient la façon dont leur mère utilise le bac. Ainsi, votre chaton est propre quand il arrive chez vous, ce qui est un avantage énorme et qui vous épargnera beaucoup de travail.

À chaque acte ses conséquences !

Maman chat a fait de son mieux pour préparer le travail et a clairement expliqué à ses petits ce qu'il se passe lorsqu'ils dépassent les limites. Ils ont donc assimilé la façon de se comporter entre chats et de s'entendre avec leurs congénères sur leur territoire. Les membres de leurs nouvelles familles sont aussi considérés comme des semblables. Cela signifie donc que votre chaton est prêt à bien s'entendre avec vous et à accepter les règles établies. N'est-ce pas là le parfait point de départ d'une éducation réussie? Encore faut-il que votre compagnon s'attende à ce que vous aussi suiviez les règles de comportement des félins. Leur règle d'or : les ordres ne comptent pas, mieux vaut conclure des arrangements. Les accords conclus sont valables et impliquent aussi des conséquences.

Proximité amicale : dans son nid, le chaton a déjà appris à se comporter au mieux avec ses congénères.

Il vous mord alors que vous jouez ? Dans ce cas, mettez fin au jeu.

Progresser et stimuler

Votre matou a encore certaines choses à apprendre avant de devenir un pensionnaire agréable et bien éduqué. Ne focalisez pas seulement votre attention sur ce qu'il reste à faire, mais aussi sur ce qu'il sait déjà faire, c'est-à-dire les comportements innés qu'il exerce avec plaisir. Donnez-lui de nombreuses opportunités de jouer avec vous. C'est là le meilleur programme pour le stimuler, qu'il s'agisse de son corps, de sa mobilité, de son esprit et de sa tête, bref, de son bien-être de chat. L'apprentissage effectif se déroule de lui-même : pendant le jeu, votre chat vous observe et comprend vite quels sont les comportements que vous acceptez, c'est-à-dire ceux qui seront récompensés par des compliments, de l'attention, des caresses et, de temps en temps, une petite friandise. Les incitations positives sont la meilleure méthode éducative.

Définir son territoire principal : Un environnement adapté à votre chat fait partie des éléments qui le stimulent (→ pages 30 et suivantes). Il y trouve de quoi se divertir, mais aussi du calme, de quoi nourrir sa curiosité, de la sécurité ainsi que la certitude qu'aucune limitation ne lui sera imposée à long terme. Cet environnement est favorable à l'intelligence naturelle du chaton. S'il ne peut pas profiter pleinement de son mode de vie et qu'il est sans cesse confronté à des interdictions, il risque de se replier sur lui-même et de devenir morose. Si le petit maître des lieux essaie de vous faire tourner en bourrique, il faudra alors lui fixer des limites à ne pas dépasser. Ces dernières servent aussi d'encouragement, car elles permettent à votre chaton d'apprendre à maîtriser encore mieux son territoire et à développer de bonnes relations avec ses colocataires humains. En revanche, s'il a le droit de se hisser au rang de souverain absolu, son mode de vie sera aussi peu conforme à ses besoins que celui du chaton oppressé à qui tout est interdit.

Éduquer : entre désir et permission

Votre chaton sait ce qu'il veut et vous, vous avez une idée de ce qu'il doit faire : faire ses besoins à l'endroit prévu à cet effet, se tenir éloigné de certaines choses, ne pas faire ses griffes sur les meubles rembourrés, les tapis ou la tapisserie et ne pas développer de mauvaises habitudes. Il doit également venir quand vous l'appelez, même s'il est occupé à autre chose.

Concilier les désirs du chaton et ce qui lui est permis, c'est là tout l'art de son éducation. Rassurez-vous, ce n'est pas si difficile. Au lieu d'imposer votre façon de voir les choses de manière autoritaire, vous pouvez vous montrer compréhensif à l'égard des souhaits, des préférences et de la personnalité de votre chaton. En retour, il se montrera complaisant envers vous et s'intégrera d'autant plus facilement à sa nouvelle famille. Enfin, les chats et les hommes partagent la même capacité à faire des compromis et à convenir d'accords solides. Si vous respectez votre part de l'accord, vous pouvez attendre beaucoup de choses d'un chaton bien éduqué.

La propreté

La plupart des chatons ont appris dès leur enfance à utiliser leur bac à litière. Enfouir ses déjections n'est pas seulement inné, cela amuse aussi votre chaton, à condition que les toilettes soient propres et sûres (→ page 41).

Votre part de l'accord : Il est de votre devoir de préparer des toilettes propres et stables, contenant une bonne litière et bien accessibles. Veillez également à les placer dans un endroit calme, où rien ni personne ne peut surprendre votre chaton absorbé dans ses affaires.

▲ 1 **Perversion :** Même si les chatons sont peu portés sur les sucreries et qu'ils ne peuvent pas les apprécier, la curiosité de goûter ce que l'homme a posé là est plus forte.

2 **Intervenez tout de suite :** Un « non » franc et l'index relevé font clairement comprendre au chaton qu'il transgresse un interdit. Ce geste lui rappelle les chiquenaudes de sa maman. ▼

Cependant, s'il n'arrive pas à utiliser les toilettes, votre compagnon aura besoin d'un peu d'aide : dès qu'il a l'air intéressé par autre chose, qu'il renifle et commence à creuser, amenez-le au bon endroit et félicitez-le s'il réussit à faire ses besoins dans le bac.
Sinon, au début, vous pouvez le placer plus souvent sur les toilettes et le féliciter chaque fois qu'il « réussit » sa mission. En revanche, les petits accidents que vous découvrirez après coup devront être ignorés et réglés sans rien dire.

Lorsque votre petit escaladeur met les pattes sur une nouvelle surface, l'interdiction se fait entendre.

Habitudes à table

L'endroit où votre chat mange est son territoire le plus personnel, celui où il met en pratique sa « culture alimentaire », par exemple en sortant des morceaux de nourriture hors de la gamelle et en les plaçant côte à côte. Pour un prédateur, jouer avec sa nourriture n'est pas extraordinaire. Si vous installez la gamelle sur un plateau lavable, c'est là que se trouveront les morceaux, pas sous vos pieds.

Votre part de l'accord : Votre chaton reçoit régulièrement ses repas dans de la vaisselle propre et ne mange donc qu'à l'endroit prévu à cet effet. À vous de faire en sorte qu'il respecte les bonnes manières à votre table : Minou apprendra vite que mendier ne sert à rien si vous ne faites rien « tomber » de la table. Il a bien sûr le droit de goûter occasionnellement ce que vous savourez, mais seulement dans sa gamelle.

Éviter de bannir des zones

La curiosité des chats ne connaît pas de limites et le petit maître des lieux va explorer son territoire dans les moindres recoins. Même dans une maison tout à fait adaptée aux chats se trouvent toujours des zones où des dégâts peuvent se produire. Elles doivent donc être exclues du territoire accessible, ce qui concerne notamment les plaques de cuisson, le clavier de l'ordinateur, le plan de travail de la cuisine, la table où l'on mange, le placard où sont rangés les produits ménagers, etc.
Dès que Minet se rapproche de ces endroits, arrêtez-le avec un « non » franc ou tapez dans vos mains. Si cela ne suffit pas, dégoûtez votre chaton d'y aller, avec du ruban adhésif double face par

exemple. Votre chaton évitera de revenir à un endroit où il s'est déjà collé la patte.

Votre part de l'accord : Condamnez peu de zones dans le territoire de votre compagnon, donnez-lui de la liberté et permettez-lui de vivre en accord avec ses habitudes.

L'envie de se faire les griffes

Se faire les griffes est indispensable pour les chats et ils le font avec beaucoup de plaisir. Les chatons s'attaquent souvent au mauvais endroit, comme les meubles rembourrés et les tapis. Pour éviter que votre ameublement ait rapidement l'air abîmé, à vous d'interdire cette pratique.

Votre part de l'accord : Vous devez mettre à disposition de votre petit griffeur des accessoires adaptés. Si ses griffes tombent sur un objet interdit, faites entendre un « non » ferme ou un claquement de mains. L'index levé peut aussi être un signal. Détournez l'attention du chaton avec un jouet et attirez-le vers son arbre. Incitez-le à l'utiliser en lui montrant l'exemple, c'est-à-dire en grattant vous-même avec vos ongles. Évitez en revanche de guider sa patte, les chats n'aiment pas cela. Félicitez Minou s'il accepte votre invitation et ne lésinez pas sur les paroles chaleureuses si vous remarquez qu'il a fait ses griffes au bon endroit. Ainsi, votre chaton sera encouragé à reproduire cette expérience agréable. Armez-vous de patience et de persévérance. Vous le savez bien, une envie de gratter est une envie irrépressible.

Rompre avec les mauvaises habitudes

Même les chatons qui ont de mauvaises habitudes sont irrésistiblement mignons, même s'ils grimpent sur les jambes des

CHECK-LIST

Règles d'éducation

Éduquer un chat est un art et, comme pour tout art, un certain nombre de règles doivent être suivies. Les plus importantes sont listées ci-dessous. Suivez-les rigoureusement :

- Considération : les chats ont un esprit bien à eux. Vous éviterez bien de la frustration en en tenant compte.
- Des lignes de conduite claires : ne faites aucune exception pendant les jeux. L'inconstance créé la confusion.
- Peu d'interdictions : limitez les interdictions. Fixez-les avec vigilance, en connaissance de cause et avec douceur.
- Une réaction rapide : votre chaton vit dans le présent. Ce qu'il a fait il y a deux minutes est déjà de l'histoire ancienne. Il est donc important de réagir tout de suite et clairement aux actions de votre chaton. Quand il fait quelque chose d'interdit, exprimez clairement votre « non ». En revanche, quand il se comporte bien, félicitez-le, encouragez-le et offrez-lui des récompenses.
- Pas de punition : si Minou a fait une bêtise, évitez surtout de crier ou de le frapper. Il ne comprendrait pas pourquoi vous le sanctionnez si durement et vous perdriez sa confiance.

gens, aux rideaux, chassent les mollets, volent tout ce qui n'est pas bien fixé ou s'ils vident les corbeilles à papier et en utilisent le contenu pour en faire des confettis.

La liste des bêtises que peuvent faire les chatons est longue, ils savent être créatifs dans ce domaine. L'inconvénient, c'est que ce qui est mignon au début devient vite ennuyeux. Il est alors difficile de lutter contre une mauvaise habitude. Stoppez donc les élans de votre chaton avec un « non » décidé et en tapant dans vos mains. Pensez également à l'index levé en direction de son museau, qui lui rappellera sa mère.

Votre part de l'accord : Créer un environnement stimulant et proposer à votre chaton de nombreux jeux. Ainsi, il n'y aura pas de place pour l'ennui et votre chaton n'aura pas d'idées malvenues.

Éviter les sources de conflit

Vous vous épargnerez beaucoup de surprises désagréables si vous évitez les conflits en amont. Ainsi, voler semble à nos yeux très grossier, alors que pour un chasseur, c'est un comportement normal. Évitez donc de laisser des aliments sans surveillance et ne laissez pas traîner d'objets qui ne devraient pas atterrir entre les pattes de votre chaton.

LE SAVIEZ-VOUS ?

Des interdictions raisonnables renforcent l'intelligence

Être complètement libre, sans être bridé par des interdictions, ne serait-ce pas là la vie rêvée d'un chat ? Non ! Un chaton qui peut tout faire devient idiot. L'ensemble de ses comportements s'appauvrit. Même en liberté, il existe des frontières, que ce soit par les limites naturelles du territoire ou par des accords avec leurs congénères. Un (petit !) ensemble d'interdictions aura les mêmes répercussions et votre chaton n'en sera que plus ingénieux.

Écouter et obéir

Vous le savez déjà, les félidés ne sont pas des modèles d'obéissance. Ce n'est pas pour autant qu'il faut la considérer comme impossible. Cependant, il faut attendre qu'il soit capable de reconnaître son nom. Ce dernier doit donc être doux à son oreille (→ Astuce, page 58) et être associé à quelque chose d'agréable. Ainsi, ne le prononcez pas quand vous êtes fâché contre lui, si vous voulez l'empêcher de faire quelque chose ou si vous le grondez. En revanche, vous pouvez

Voici ce que les chatons apprennent vite et bien : **les bons comportements** sont récompensés par des félicitations, de l'attention et parfois une friandise.

l'utiliser quand vous caressez votre chaton, quand vous jouez avec lui, quand vous lui servez ses repas ou quand vous lui donnez une friandise. Avec le temps, il apprendra que ce nom lui appartient et viendra (en général) quand vous l'appelez. Il peut arriver que votre petit compagnon réponde par un miaulement amical et reste où il est, ce qui est une attitude courante entre chats. Pour le faire venir, faites tinter des couverts ou utilisez son paquet de croquettes.

Mon conseil : Vous n'obtiendrez pas grand-chose avec des ordres, alors que des demandes amicales auront plus d'impact. Faites donc l'expérience pour chasser votre chaton d'un endroit ou l'attirer à vous : si cela fonctionne, cela ne veut pas dire que votre chaton a compris chacun des mots prononcés, mais qu'il a saisi votre langage corporel.

Pas de punition, c'est mieux !

Votre chaton fera la différence entre ce qui est permis et ce qui est interdit si vous réagissez tout de suite, si possible avant, sinon au moment où l'action est commise. Vous le savez déjà, le chat n'associe pas votre réaction a posteriori avec son geste. Renoncez donc aux punitions. Le frapper ou le saisir est également déconseillé, car cela ne correspond pas à l'attitude qu'aurait un chat. Crier fait peur au chaton et ne lui apprend rien ; lui faire la morale est tout aussi inutile, puisque Minou ne sait pas ce qu'avoir mauvaise conscience veut dire. Comment alors lui enseigner ce qui est bien et ce qui est mal ? C'est plus facile que vous ne le pensez :

- Dès que vous le voyez faire quelque chose de bien, félicitez-le ou accordez-lui votre attention ;
- Quand vous voyez qu'il s'apprête à faire quelque chose de mal, arrêtez-le immédiatement. Si son attitude vous énerve, ignorez-le ;
- Si vous remarquez qu'il a fait une bêtise, réparez-la et passez l'éponge.

Un chaton qui fait ses griffes sur un objet prévu à cet effet mérite une récompense.

Jouer trompe l'ennui et évite à Minou de faire des bêtises.

Petites astuces très efficaces

Si dire non ou taper dans ses mains ne suffit pas, essayez d'autres choses :

Douche : Gardez à portée de main, en embuscade, un vaporisateur ou un pistolet à eau pour que votre petit félin ne remarque pas d'où vient le tir. Votre chat va se dire : « Ce stupide canapé me mouille quand je le griffe. »

Feulement : Si votre chaton s'approche des plaques de cuisson chaudes ou se met en danger, prononcez un « non » et soufflez-lui brièvement dans la figure. Ce « feulement » fonctionne, c'est ainsi que sa maman lui disait : « Ne touche pas ça ! »

Bruit : Si votre chaton est sur le point d'entrer dans une zone interdite, faites du bruit, cela détournera l'attention de votre chaton de son geste. Le mieux est de taper sur une boîte en métal avec les ongles ou d'utiliser le couvercle d'une casserole, un sifflet à roulette, un trousseau de clés ou de lancer une chaîne en aluminium (pas sur le chaton).

Piégé : Cela fonctionne également en votre absence. Bloquez la table du dîner, le plan de travail de la cuisine et le clavier de l'ordinateur avec du ruban adhésif double face. Pour y accéder, votre compagnon devra poser les pattes sur cette surface collante, beurk ! Les appuis de fauteuils et de canapés qui lui tombent sans arrêt sous les griffes seront enveloppés dans du papier aluminium. Rassurez-vous, ces mesures seront temporaires. Quand votre ami aura eu quelques expériences désagréables avec le papier aluminium, il préférera se tourner vers son arbre.

Apprendre par étapes

Empêcher Minou de faire une bêtise est une chose, l'amener à faire ce que vous voulez en est une autre : se mettre au bon endroit pour les soins quotidiens du pelage, entrer sans bagarre dans sa boîte de transport ou se laisser soigner sans se rebeller. L'entraînement au clicker a fait ses preuves dans l'éducation des chiens et son utilisation est aussi valable pour les chats : à l'aide du clicker, une sorte de criquet que l'on achète en animalerie, vous pouvez indiquer progressivement à votre chaton ce qu'il doit faire.

Exemple : le signal du clicker raisonne quand l'animal accomplit ce que vous attendez de lui, ce qui indique une récompense (une friandise). Pour que le chat associe ce son à une récompense, faites sonner le clicker et tendez-lui une friandise dans les deux secondes.

Cet exercice de base doit être répété une bonne trentaine de fois avant que l'entraînement lui-même commence. Cette méthode présuppose que l'entraîneur

ASTUCE

En savoir plus sur le clicker

Vous trouverez une introduction complète au clicker sur plusieurs sites Internet ainsi que dans des livres spécialisés. Les modèles pour chiens sont trop forts pour les oreilles des chatons, optez donc pour un modèle moins bruyant. Vous pouvez aussi reproduire le bruit du clicker avec un stylo à bille.

« Quel bruit désagréable ! Je ferai mieux de rester loin de ce vase ! »

soit très attentif et qu'il fasse le bon geste au bon moment. C'est ainsi que votre matou apprendra.

Mon conseil : Ne vous inquiétez pas, votre petit compagnon peut aussi apprendre d'une autre façon. Armez-vous de patience, de friandises et ne soyez pas avare de compliments s'il se comporte bien. En revanche, ignorez courageusement les essais manqués. Attention, ne procédez à la formation que si votre chaton veut coopérer, sinon il n'apprendra rien.

En laisse

Si votre chaton ne peut pas sortir seul ni prendre l'air sur le balcon, il reste encore la possibilité de le promener en laisse. Certes, il ne viendra pas au pied comme un chien et vous aurez peut-être l'air d'être promené par votre chaton plutôt que l'inverse. Cependant, découvrir le monde avec son ami humain est pour beaucoup de chats assez séduisant. Il est plus judicieux que Minou soit habitué à la laisse pour partir en voyage, chez le vétérinaire ou pour un déménagement. Voici quelques suggestions pour vous entraîner :

- Commencez l'entraînement avec un collier pour chat simple. Il est bon que votre chaton s'y habitue au cas où il devrait porter une minerve pour des raisons médicales. Laissez-le d'abord jouer avec son collier et mettez-le-lui un peu plus tard pendant cinq minutes. Renouvelez l'expérience plus souvent (quand votre chat se montre coopératif) et félicitez-le.
- Si cet entraînement fonctionne, achetez un harnais spécial pour votre chat ainsi qu'une laisse. Le harnais lui offre une plus grande liberté de mouvement et plus de sécurité. Laissez votre petit félin jouer tant qu'il le souhaite avec le harnais puis faites-le lui porter pendant 5 minutes. Permettez-lui au préalable de renifler la laisse et s'amuser avec. Félicitez-le si tout se passe bien et offrez-lui une friandise en récompense.
- Après quelques exercices de répétition, attachez la laisse. Tenez-la dans une main et gardez une friandise dans l'autre. Amenez Minou à avancer avec cette friandise. Félicitez-le à chaque pas et offrez-lui sa récompense à la fin.
- Principe de base : gardez votre chat à portée de vue pendant que vous vous entraînez à la promenade en laisse et ne le contraignez pas.

Rester en forme

Jouer représente pour un chaton le meilleur moyen d'exercer son intelligence et son corps. Les chatons d'appartement peuvent ainsi satisfaire leur envie de chasse. Enfin, le jeu renforce le lien entre le chat et son ami, l'homme.

LA VIE DU CHAT à l'extérieur a beau être pleine de dangers, elle est riche et variée. Cependant, un risque persiste également pour les chats d'appartement bien soignés : l'ennui. L'ennui étouffe l'envie d'agir et votre chat gai et dynamique se transforme en un animal triste et replié sur lui-même. Son intelligence est bridée avant même d'avoir pu se développer. Vous pouvez préserver votre chaton de l'ennui en stimulant son envie de jouer. Jouer garde les instincts naturels en éveil, exerce le corps et les sens et son rôle sur l'intelligence ne doit pas être négligé. De plus, c'est amusant, non seulement pour votre chaton, mais aussi pour vous ! Même si vous rentrez stressé du travail ou que les exigences du quotidien vous tiraillent : il n'y a pas meilleur moyen de se détendre que de regarder un chaton jouer. Si, il y a un meilleur moyen : jouer avec lui !

De petites heures de jeu

Accordez à votre chaton des heures de jeu régulières. Rassurez-vous, il ne s'agit pas de rallonger artificiellement les 24 heures de votre journée. Une session de jeu avec votre chaton dure à peine plus de 10 à 15 minutes et s'insère facilement dans votre emploi du temps : un peu après le réveil, avant de manger, avant de partir au travail le matin et en revenant du travail. Cessez les jeux avant d'aller dormir (pour que le petit tigre actif vous laisse dormir tranquille), etc. Sans vous en rendre compte, vous lui aurez déjà consacré une heure et demie à deux heures. Bien sûr, vous n'avez pas besoin d'être le seul partenaire de jeu votre chaton, qui appréciera aussi de jouer avec d'autres personnes ou de s'amuser seul si vous mettez à sa disposition les jouets nécessaires.

Le plaisir de jouer à deux

Si vous décidez de prendre deux chatons ou de donner à votre chat presque adulte un compagnon plus petit, vous faites le bon choix, au moins sur le plan sportif.

ASTUCE

Il doit y avoir un gagnant !

La plupart des jeux consistent à épier et chasser une proie. Votre petit chasseur vous montrera clairement son envie d'attraper une proie. Attribuez-lui ce succès et permettez-lui d'obtenir une proie sur trois. En effet, si votre chaton gagne à chaque fois, le jeu perdra de son intérêt.

Règles du jeu pour les chatons et les enfants

Notre fils Léon (9 ans) aime sa petite chatte Lilli (5 mois). Cependant, leur relation est quelque peu en demi-teinte : après avoir joué ensemble, Léon a des griffures sur les bras et les mains. Lilli n'est pas fondamentalement agressive. Pourquoi notre chaton change-t-il soudain de comportement et que pouvons-nous faire contre cela ?

EXPLIQUEZ CLAIREMENT à votre fils que Lilli ne le griffe pas par méchanceté. Regardez-les jouer ensemble. Il est probable que quelques incompréhensions se soient glissées entre eux. Léon doit par exemple savoir que l'on ne doit jamais tirer sur la queue et les oreilles du chaton, sinon il se défend avec raison. Sait-il également qu'il vaut mieux éviter de jouer avec ses mains ? Pendant un jeu turbulent, le chaton recherche tout ce qui bouge et utilise alors ses griffes. Les mains sont perçues comme des proies (comme le pied qui sort de la couette) et seront traitées comme telles. Ainsi, la première règle du jeu entre votre fils et son chaton doit être : haut les mains ! À la place, proposez-lui d'utiliser des jouets ou des plumes. Ils pourront tous deux s'amuser tout en évitant les griffures douloureuses.

Reconnaître le langage du chat

Enseignez à votre fils les signaux les plus importants du langage du chat (→ pages 114 et suivantes) : dès que Lilli montre qu'un jeu ne lui plaît pas ou plus, Léon doit arrêter et si possible lui proposer autre chose. Le meilleur moyen de détourner l'attention du chaton dans ce cas est de faire rouler une petite balle ou de lancer quelque chose qu'il pourra chasser. Les chats attaquent peu à l'improviste, ils préviennent leur adversaire. Parmi les avertissements explicites se trouvent la patte relevée (« Laisse cela ou je tape ! »), les oreilles rabaissées sur la tête (« Tu me fais peur, je dois donc me protéger ! »), la queue qui fouette l'air (« Je suis vraiment énervé ! »), les feulements (« Laisse ça tout de suite ! »), ou même les grognements (« Dernier avertissement ! Tu vas prendre un coup ! »).

Le chaton n'aime pas tous les jeux

Expliquez également à votre fils qu'un chaton ne peut pas être amené à jouer contre sa volonté, car cela lui fait peur, ce qui l'amène souvent à attaquer à titre préventif. Tour ce qui peut provoquer la crainte du chaton doit donc être interdit pendant le jeu. Cela vaut également pour les cris, les bruits sourds, l'enveloppement dans une couverture ou le geste de lui toucher les moustaches. Votre fils le comprendra très bien, surtout si vous lui rappelez que lui-même n'apprécie pas qu'on entrave sa liberté de mouvement.

En effet, deux chatons ensemble satisfont la majeure partie de leurs besoins d'activité en se cachant, en s'épiant puis en se lançant dans de fausses attaques surprises. Ils entament des poursuites sauvages, se roulent l'un autour de l'autre et l'un sur l'autre puis se reposent de leurs efforts côte à côte. Dans tous les cas, ils s'amusent beaucoup ensemble et mènent dans leur territoire avec leur congénère une vie normale de chat, même en appartement.

Viens jouer avec moi !

Ce qui est sûr, c'est que l'homme ne peut pas concurrencer un autre chaton sur le terrain du sport et de l'exercice physique. Il n'en reste pas moins une sorte de « superchat » et son partenaire de jeux préféré, même pour des chats vivant en bonne harmonie. S'il peut jouer avec son maître et lui faire des câlins, Minou se sentira comme un chaton heureux et chaque heure de jeu renforcera le lien entre vous. Quelques règles simples contribuent à un plaisir de jouer réciproque :

- Ayez des contacts avec votre chaton à hauteur des yeux et mettez-vous sur le sol pour jouer. Ainsi, votre chaton pourra en profiter et n'aura pas peur (ce qui peut se produire quand les mouvements viennent d'en haut).
- Surprenez souvent votre petit tigre avec de nouveaux jouets et de nouvelles idées qui garderont sa curiosité en éveil.
- Jouer avant le repas stimule l'appétit et la digestion. En revanche, après le repas votre chaton a besoin de repos.

Le bon jouet

Un chaton joue avec tout ce qui bouge et qu'il peut remuer. Ce qu'il préfère, ce sont les jouets agités par un homme.

Une bêtise en tête

1 **Viens ici :** Que ce soit sa mère, un autre chaton de la portée ou un chat ami, tout le monde se laisse entraîner par un chaton enthousiaste, y compris dans des combats pour s'amuser.

2 **Au revoir :** Un dernier au revoir en s'éloignant, griffes rentrées. Les chatons ont le droit de se permettre certaines choses que des chats adultes ne toléreraient pas entre eux.

MON ANIMAL DOMESTIQUE

Quel est le genre de jeux qu'aime mon chaton ?

Tous les chatons aiment jouer. Cependant, tous n'apprécient pas les mêmes jeux. Ce test vous montrera si votre chaton fait partie des risque-tout sauvages, des natures prudentes ou des clowns créatifs.

Début du test :

○ Invitez votre chaton à se lancer dans une course-poursuite effrénée ou proposez-lui un tout nouveau jeu. Participe-t-il tout de suite avec enthousiasme ?
○ Minou maîtrise-t-il l'art de se cacher pour se rendre invisible quand des invités sont à la maison ? Se cache-t-il volontiers sous les couvertures ?
○ Votre chaton s'amuse-t-il à détourner des objets (dérouler le papier toilette, etc.) ?

Résultat du test :

Canne à pêche (baguette en bois ou en plastique à laquelle sont attachés un cordon et une « proie ») : elle doit faire absolument partie des jouets de votre chaton et doit être utilisée régulièrement. Remuez lentement la « proie » sur le sol et soyez plus rapide dès que votre chaton fait mine d'être intéressé. Ne tracez pas seulement des lignes droites, mais faites tourner la proie, amenez-la dans un angle, cachez-la dans la corbeille à papier : c'est comme cela que le jeu devient vraiment amusant pour le petit prédateur.

Pensez-y : au moins un tiers des essais du chat doivent être fructueux. Dans le commerce, vous trouverez des variantes travaillées de ce genre de jouets et pouvez même les créer vous-même. Reliez tout simplement une souris ou un bouchon en liège à une corde : votre chasseur considère comme une proie tout ce qui va et vient sous ses yeux. C'est encore plus amusant quand une souris ou un bouchon s'agite sous une couverture.

Plumeau (baguette en bois ou en plastique munie d'une boule de plume) : là encore, c'est un jouet super. Avec le plumeau, votre chaton est encore plus près de vous qu'avec la canne à pêche. Faites voler les plumes en hauteur, votre chaton va sauter et lancer la patte pour attraper sa proie et se réjouir quand il y parvient. Laissez-lui donc ce plaisir !

Les reflets du soleil comme celui de votre montre ou le point de lumière émis par une lampe de poche sont là encore de formidables proies pour votre petit chasseur, jusqu'à ce qu'il les délaisse par frustration, car il ne peut pas les attraper. C'est un jeu amusant si vous associez la tache de lumière à une véritable proie ou à une friandise.

Petites balles : les balles en tout genre sont parfaites pour les jeux en commun : vous pouvez les faire rebondir pour qu'il les rattrape en sautant, les fasse rouler pour qu'il les poursuive et tape dedans… Votre chaton préférera une balle à la surface pelucheuse, qu'il peut transporter facilement dans sa gueule. Il arrive même que certains chatons rapportent.

Un jouet rempli de menthe pour chat (comme un petit sachet ou une chaussette) est parfait si vous souhaitez faire connaître à votre chaton l'ivresse du jeu. Environ 50 % des chats adorent l'odeur de la cataire et font avec leur jouet les plus amusantes cabrioles. L'autre moitié des chats reste plutôt calme mais a tout de même envie de jouer si vous le reliez à une canne à pêche et que vous agitez la souris.

Jouer seul, c'est bien aussi !

Il arrive aussi que le chaton ait envie de s'amuser seul et de jouer à des jeux solitaires et d'adresse. Il exerce son adresse avec des boîtes à œufs vides, dans lesquels vous pouvez cacher quelque chose, ou avec les trous d'une boîte à chaussure dans laquelle se trouve une friandise. Parfois, il appréciera tout simplement de plonger dans un grand carton rempli de vieux papiers, de feuilles séchées et de foin odorant. Votre chaton a sûrement d'autres idées de jeux amusants et acceptera volontiers vos propositions. Veillez à ce que tous les jouets soient sûrs (→ page 45) et qu'ils ne puissent pas être avalés. Et mettez à l'abri vos objets favoris !

Quelle élégance ! Voici un véritable artiste à la balle dans toute sa splendeur, entièrement concentré sur le jeu.

7.

Une relation particulière

Cela ne fait aucun doute, votre chaton vous aime. Vous verrez dans les pages suivantes s'il vous accorde une confiance totale ; cela se décide dès l'enfance.

Vers une équipe de rêve

Plus le chat était heureux dans son premier foyer, mieux il s'intégrera dans sa nouvelle famille. La sécurité dont il a bénéficié et ses expériences positives avec les hommes lui ont appris les avantages d'une relation simple et affectueuse.

IL ARRIVE que le petit félin et son maître forment une équipe de rêve : il y a des chats comme ça, qui séduisent en un clin d'œil. À peine sont-ils sortis de leur boîte de transport qu'ils observent tout avec curiosité et entrent pleins de confiance dans leur nouveau foyer. Ils parcourent l'appartement, trouvent tout de suite leur place favorite et participent volontiers si on leur propose un jeu. Ils vont librement vers les membres de la famille, qu'ils aient quatre pattes ou deux jambes, sont affectueux avec tous et recherchent tout de suite qui sera leur personne préférée. La plupart du temps, c'est celle qui lui fournit la plus grande partie de son alimentation. Votre petit explorateur acceptera même sereinement le tumulte de votre foyer et de la famille. Au bout d'un à deux jours, il fait réellement partie de la famille et se sent complètement chez lui.

L'importance d'être compris

Ces chatons-là partagent un point commun : ils ont reçu un véritable enseignement dans leur premier foyer (→ pages 110-113) et ont fait de nombreuses expériences positives pendant cette période sensible. Si ce n'est pas le cas de votre chaton, ne vous inquiétez pas : même un « cas difficile » deviendra un bon ami de l'homme, voire facile à vivre dans certaines conditions. Quelle que soit l'histoire de votre chaton, l'important est qu'il se sente compris par vous et qu'il vous comprenne. Ce ne sera pas un problème si vous comprenez le langage de votre ami et que vous reconnaissez ses signaux (→ pages 114 et suivantes). À vous de consolider votre réputation de « superchat » et de devenir le leader de votre équipe.

Si votre chaton a fait les bonnes expériences quand il était petit, il s'adaptera à merveille aux règles de sa nouvelle famille. ▶

Le temps de se décider

Les expériences de l'enfance ont une influence sur la vie entière. Chez les chats, cela ne se passe pas autrement : les expériences faites les premières semaines de la vie marquent irrémédiablement le comportement et la personnalité. Si elles sont positives, votre compagnon aura reçu un énorme capital, un véritable trésor de confiance en soi, dans le monde et dans les hommes.

Offrir une bonne éducation

Si vous-même hébergez une petite famille de chatons, vous souhaiterez vous aussi donner à vos protégés ce capital. Par où commencer ? S'occuper dès le début et de manière intense de la portée ? Cela n'enchantera qu'à moitié leur mère. Si elle trouve votre implication gênante, elle déménagera dans un autre endroit plus sûr en transportant ses petits les uns après les autres dans sa gueule. Ce changement de domicile n'est pas sans risque, car les petits ne sont pas encore capables de réguler tout seuls la température de leur corps.

Pas de contacts autour du nid ?

Les chats de ferme et ceux qui vivent en liberté donnent souvent naissance à leurs portées dans un endroit caché et ne les présentent aux hommes que lorsque les petits ont quatre à cinq semaines, que leurs yeux sont ouverts et qu'ils peuvent un peu se mouvoir sur leurs petites pattes.

Empêcher le contact pendant un mois ? Les chercheurs en comportement le déconseillent, car de telles mesures diminuent les chances d'apprentissage et de développement des chatons. La première étape sensible apparaît au cours de la deuxième semaine, à un moment où les chatons apprennent beaucoup et perdre littéralement certaines de leurs peurs. Plusieurs études le montrent, les chatons qui ont un contact positif avec plusieurs personnes dès le début de leur vie sont moins craintifs, plus confiants et mieux équipés dans leurs nouvelles vies de famille que les chatons qui n'ont pas grandi en immersion avec les hommes.

Pendant leur enfance, **les petits apprennent beaucoup de leur mère,** notamment comment se comporter avec prudence, mais sans crainte.

Le bon équilibre

Bien entendu, la maman et ses petits ne doivent pas être « dérangés ». Les chatons ont besoin de phases de sommeil et de repos et leur mère a besoin d'être sûre que son trésor est en sécurité. D'un autre côté, il faut que les petits s'en rendent compte dès le début : nous faisons partie de leur vie. Il n'est pas évident de trouver le bon équilibre. Pourquoi donc sommes-nous des « superchats » ?

1 **Enfant :** Un chaton qui a déjà eu des expériences positives avec les enfants s'intégrera normalement au tumulte de sa nouvelle famille, mieux qu'un chaton qui n'a jamais été en contact avec des enfants.

2 **Chien :** Vous avez un chien et un chaton doit arriver ? Cela fonctionnera parfaitement si votre chaton a déjà connu un chien et a eu une bonne expérience avec lui.

3 **Transport :** Certains éleveurs font faire de petits trajets à leurs portées dès la septième semaine. Ainsi, les petits ne craignent ni la corbeille ou le sac de transport, ni les trajets en voiture.

4 **Appareils ménagers :** Pendant leur enfance, les chatons comprennent vite que ces « monstres bruyants » ne représentent aucune menace. Ils osent même très vite se lancer dans une inspection complète.

CHECK-LIST

Questions sur la petite enfance

Si votre compagnon a passé son enfance dans un foyer humain affectueux, vous êtes en droit de penser que vous recevrez un petit chat aimant. Son intégration en toute simplicité au sein de votre famille dépend de la façon dont il a été stimulé dans son enfance et des expériences positives qu'il a faites pendant cette période délicate. Demandez donc à l'éleveur ou au propriétaire précédent si le chaton...

- ○ a été tenu et caressé par différentes personnes quand il était petit ;
- ○ a joué avec sa mère et ses frères et sœurs, mais aussi avec des hommes ;
- ○ connaît les appareils ménagers comme l'aspirateur, le sèche-cheveux, le grille-pain, la machine à café, etc. ;
- ○ a déjà été familiarisé au peigne et à la brosse ;
- ○ a un bon contact avec les enfants ;
- ○ a déjà fait de petits voyages dans son panier de transport ;
- ○ a déjà fait de petits trajets en voiture ;
- ○ a déjà eu un bon contact avec d'autres animaux (comme les chiens).

Une enfance calme

Mettre au monde une portée de chatons, nourrir et soigner ces petites boules de poils presque sourdes et presque sans défense n'est pas une mince affaire. Leur mère a du pain sur la planche ! Ses maîtres la soutiennent au mieux en lui offrant une place protégée et confortable avec un accès facile à de la nourriture de qualité et à des toilettes.

Le foyer des chatons doit être calme, mais pas isolé. Pendant les premiers jours, les visites sont réservées à la personne en laquelle la chatte a le plus confiance. C'est celle qui aura le droit de prendre les petits dans ses mains, de les caresser et de les peser sur la balance de la cuisine. Si les chatons prennent 10 à 15 g par jour, tout va bien.

Prévenance, prudence, circonspection

Après quelques jours, les autres membres de la famille auront le droit de s'approcher du nid et peut-être une fois de prendre les petits dans leurs mains. Condition préalable : de la prévenance, de la prudence et de la circonspection. Il faut aussi prendre certaines mesures d'hygiène (se laver les mains, retirer ses chaussures) pour ne prendre aucun risque avec les bactéries. Si tout le monde respecte les règles, la mère, « chef » du nid, ne verra pas cette visite comme gênante ou dangereuse.

Une impression marquante

Au bout de la deuxième semaine, la phase dite « végétative » prend fin. Les chatons, qui n'ont jusque-là que dormi et tété, deviennent plus attentifs et sont prêts à faire leurs premières expériences

Le voilà bien tenu ! C'est comme ça que le chaton se sent bien dans les bras de son amie.

marquantes. Il est également important de ne pas les garder dans une pièce distincte, isolés de la vie quotidienne. En effet, ils vont lentement commencer à apprécier d'être pris dans les mains des hommes et caressés doucement (puis gentiment reposés dans leur nid). Ils apprennent à connaître l'aspirateur et comprennent qu'il ne représente aucun danger. Ils entendent la radio, la télévision et la musique (attention à ne pas mettre le son trop fort !) et associent ces bruits à leur sécurité. Ils découvrent la machine à café, le grille-pain et tous les autres appareils de la maison qui font du bruit, savent qu'ils ne sont pas dangereux et ne les craignent plus. La variété des bruits qui entourent la sécurité de leur nid ne les effraie pas.

Prendre contact

À l'âge de trois ou quatre semaines, les chatons apprennent à communiquer avec les membres de leur famille, mais aussi avec ceux qu'ils considèrent comme tels. De la quatrième à la septième semaine, l'envie de créer des contacts sociaux avec les hommes est forte. Il est primordial qu'ils aient des contacts positifs avec différentes personnes : femmes, hommes, garçons et filles. Si vous avez un chien gentil et bien éduqué, vous pouvez le leur présenter : ce sera un gros avantage s'ils sont accueillis par des familles qui en possèdent un.

Découvrir son environnement

À six/sept semaines, les chatons explorent les alentours de leurs nids et jouent aussi bien avec leur mère et frères et sœurs qu'avec toutes sortes d'objet. Si leur environnement est aménagé de façon à y vivre des aventures, c'est parfait. Ils pourront exercer leurs facultés en jouant et les associer à des sentiments positifs. Cela inclut un brossage délicat avec une brosse souple pour bébé, qui apprendra aux chatons à accepter que leurs maîtres soignent leur pelage.

À partir de la septième semaine, ils peuvent également être entraînés à faire de petits trajets dans leur panier de transport ainsi que de courts trajets en voiture puis récompensés avec une friandise. Ainsi, les chatons apprennent que tous les trajets ne se terminent pas chez le vétérinaire et ils seront donc plus enclins à venir quand il faudra les amener chez le médecin.

Comprendre le chaton

« Si nos compagnons pouvaient parler, ils nous diraient ce qu'ils attendent de nous et il y aurait moins de malentendus ! » Rares sont les maîtres qui n'ont jamais eu ce genre de pensées.

ET QUELLES SONT les pensées qui traversent l'esprit de notre compagnon ? Quelque chose comme ceci :
« Si seulement mon maître pouvait me comprendre ! Je lui dis pourtant tout, mais il y a tellement d'incompréhensions entre nous ! »
Les chats nous « parlent », en effet. Avec des sons, des gestes, des signaux odorants et certains comportements, ils communiquent à leurs congénères et à nous ce qu'ils veulent et ce qu'ils ressentent. Le langage des chats est certes complexe et riche, mais pour éviter bon nombre de malentendus, il suffit de se familiariser avec le vocabulaire de base des chats. Vous avez à la maison le meilleur professeur.

ASTUCE

Un professeur de langue patient

La langue des chats peut être très difficile ! Minou associe en effet des signaux différents et même contradictoires. Si vous observez attentivement votre « professeur », vous surmonterez plus facilement ces barrières. En effet, en contact avec les hommes, les chats parlent de manière presque exagérément claire.

Que dit votre chaton ?

Gémissements : Un « miaou » peut être plaintif. Mais il se peut aussi que votre compagnon veuille vous faire savoir qu'il a besoin de quelque chose (faim, solitude, ennui...). Le chaton a appris ce cri de sa mère.

Bavardage : Lorsqu'il mêle des ronronnements et des petits miaulements, votre chaton « bavarde ». Dites-lui donc quelques mots gentils, doucement, dans votre propre langue.

Ronronnement : Minet ronronne lorsqu'il va bien, qu'il se réjouit de quelque chose (comme un repas) ou qu'il veut vous signifier ses intentions pacifistes. Le ronronnement est bien plus qu'un signe de bien-être ou d'apaisement (→ page 20).

Feulement : Le feulement sert à menacer et à bluffer. Un chaton qui feule ne se sent pas en position de force, mais a peur et veut chasser ce qui l'inquiète. Il veut dire ainsi : « Je suis toxique et dangereux comme un serpent ! »

Grognement : Aussi bien pour vous que pour ses congénères qui l'ont énervé, cela veut dire : « Tu me mets en colère et tu vas bientôt recevoir une correction. » Il arrive cependant que, sans colère, votre chaton promène des aliments à travers la pièce, pour signifier : « Bas les pattes de ma proie ! »

Un langage du corps polysémique

Votre petit compagnon peut aussi vous faire passer des messages avec son corps. Voici quelques exemples : le chaton…

- vous gratifie d'un coup de tête : il vous salue amicalement comme le font les chats.
- vous tend sa tête : cela peut aussi bien être une demande de caresse que de soins de son pelage.
- lève sa patte et ses griffes : « Je n'aime pas ce que tu fais. Arrête, ou je te frappe. »
- se roule sur le côté ou sur le dos : « Joue avec moi ! »
- se frotte sur votre jambe ou frotte ses joues et ses flancs sur vous : il vous marque de son odeur (imperceptible pour nous) : « Tu m'appartiens. »
- remue ses oreilles : tension et colère croissante, mais aussi peur et défense : « Arrête, sinon je vais devoir me défendre ! »

LE SAVIEZ-VOUS ?

Les chatons recherchent la conversation

Votre chaton fait-il partie des natures bavardes, qui racontent des romans en miaulant et en ronronnant ? Dans ce cas, la personne qui l'a éduqué dans son enfance mérite un compliment ! De la huitième à la douzième semaine, les petits sont particulièrement loquaces, même avec les hommes. Si à cette période votre chaton a entendu à la fois la conversation des hommes mélangée aux bruits des chats (comme les miaulements), il sera facile pour lui d'accepter les contacts « vocaux » de sa nouvelle famille. Naturellement, votre petit bavard sera heureux que vous lui répondiez. Attention : votre ton donne le ton ! Ainsi, ne vous contentez pas d'imiter un miaulement, mais d'opposer à un miaou aigu un bruit rassurant. Encore une chose : parlez doucement à votre chaton, car il entend trois fois mieux que nous !

- vient vers vous avec la queue dressée : « Je suis content de te voir ! »
- court devant vous avec la queue relevée : « Viens là, je veux te montrer quelque chose ! »
- vous touche avec sa patte avant : « Je me sens bien avec toi, comme un bébé avec sa maman. »
- remue la queue : l'excitation, l'attente, fouetter l'air représente une émotion colérique : « Va-t'en, sinon j'attaque. »

Ne nous méprenons pas !

Le système de communication du chat regroupe certaines expressions qui peuvent être incompréhensibles pour des oreilles non initiées et qui pourraient nous amener à nous méprendre. Voici quelques exemples :

Position sur le dos : Votre chaton se roule sur le dos et se laisse gratter. Soudain, il attrape votre bras et tend ses 18 griffes vers vous. Vilain matou ?

Ce comportement n'a rien à voir avec de la méchanceté. La plupart des chats n'aiment pas être chatouillés au ventre. De plus, se mettre sur le dos est un héritage des ancêtres de nos chatons et fait partie des véritables positions de défense qui lui permettent d'utiliser toutes ses armes en même temps. Lorsque ce réflexe apparaît, votre chaton ne peut faire autrement qu'attaquer… Désolé, ce n'était pas fait exprès…

Contrôle des odeurs : Quelle attitude grossière ! Vous êtes avec votre chaton, au niveau de ses yeux et d'un coup il vous montre son derrière. Qu'est-ce que cela veut dire ? Vous demande-t-il quelque chose ? Pas du tout ! Les habitudes de politesse du chat incluent le contrôle des odeurs. Ils commencent par se renifler réciproquement le museau. Si ce « baiser de reconnaissance » les satisfait, ils se tendent chacun le cou pour le renifler. Si là encore l'odeur leur convient, ils passent au contrôle anal. Votre chaton vous dit alors : « Ton odeur me convient. » Caresser l'arrière de votre chaton est une réponse tout à fait satisfaisante.

Observer : Vous savez qu'il est inutile de sermonner votre chaton, peu importe ce qu'il ait fait. Parfois, il est impossible de s'en empêcher quand on découvre un vase renversé ou des marques de griffes sur le canapé. Que fait alors votre chaton ? Il regarde aux alentours, vous ignore presque, comme si tout lui était égal. N'est-ce pas de l'arrogance ? Bien sûr que non. Le petit chenapan ne sait pas pourquoi on le réprimande, mais il sent que vous êtes méchant envers lui. Il fait donc ce qui lui semble juste à ses yeux, c'est-à-dire ne plus avoir de contacts visuels directs avec vous.

Bâiller : Le vilain a encore fait une bêtise qui vous met en colère. Vous le grondez et que fait ce vaurien ? Il bâille.

Une odeur inconnue le dérange : le nouveau parfum de sa maîtresse met le chaton mal à l'aise.

MON ANIMAL DOMESTIQUE

La conversation fonctionne-t-elle ?

Essayez de dire à votre chaton dans sa propre langue que vous l'appréciez. Selon ses réactions, vous remarquerez si votre compagnon vous comprend parfaitement ou si vous devez encore travailler votre vocabulaire.

Début du test :

- ○ Faites un sourire à votre chaton en clignant des yeux. Cligne-t-il en retour ?
- ○ Au lieu de lui dire « bonjour », essayez de ronronner quand vous le croisez. Vous répond-il par un même ronronnement ?
- ○ Ronronnez quand le chaton se trouve sur vos genoux en exprimant, sans voix, un « r » (formé à l'arrière de l'uvule). Ronronne-t-il ou vous regarde-t-il ?

Résultat du test :

Que faire ? Le mieux est encore de bâiller aussi et de vous calmer. Votre chaton ne vous signifie pas ainsi que vous l'ennuyez. Bâiller est pour les chats un signe d'apaisement, ce qu'il veut dire, c'est : « Regarde, je suis là en paix, sois-le également. »

Ce que les chatons risquent de mal interpréter

Fixer : Évitez de fixer votre chaton droit dans les yeux. En effet, cela est perçu comme un avertissement avant une attaque. Interrompez le contact visuel en clignant des yeux (ce qui équivaut en langage de chat à un sourire) ou regardez à plusieurs reprises ailleurs (geste d'apaisement courant).

Démonstration de puissance : Vous venez de l'extérieur et essuyez longuement vos chaussures salies sur le paillasson. Votre chaton vous regarde d'un air énervé : faire ses griffes de la sorte, qu'est-ce que cela veut dire ? Voudriez-vous lui ravir son rôle de maître du territoire ?

Parfum : Vous utilisez généreusement votre nouveau parfum et votre compagnon évite soudainement les contacts avec vous. C'est de la faute du parfum ! Minou est perdu, car il ne reconnaît plus l'odeur familière de son maître. Ayez donc la main légère !

Questions-réponses : Le langage du chat

? Notre chaton aime regarder les oiseaux depuis notre fenêtre. Il lui arrive parfois de crier après ceux qui caquettent ou qui piaffent. Que veut-il exprimer ?
C'est sa façon de parler. Les chatons se mettent à « glapir » lorsqu'ils voient une proie qu'ils aimeraient attraper, mais qu'ils ne peuvent pas atteindre.

? J'ai récemment surpris notre chaton en train de grimper aux rideaux et je l'ai grondé. Il n'a pas écouté et s'est mis à faire sa toilette.
Se nettoyer est une réaction courante chez les fautifs pris sur le vif et grondés. Il ne s'agit pas de montrer ainsi sa culpabilité face à un sermon. Votre chaton sent que vous êtes en colère et ne veut pas vous provoquer plus. C'est pour cela qu'il soigne son pelage.

? Existe-t-il une sorte de baromètre qui indique l'humeur du chaton ?
Observez surtout sa queue et ses oreilles ! Si un chaton est gai et dynamique, il gardera la queue dressée, ou droite s'il a quelque chose en tête. Quand son humeur est calme, elle est détendue. Minou montre sa colère en remuant la queue. Enfin, lorsqu'il fait le gros dos, la queue hérissée, c'est qu'il ressent de la peur et l'envie d'attaquer. Les oreilles dirigées vers l'avant sont un signe d'attention. Tournées vers les côtés, elles indiquent la colère et l'envie d'attaquer, et penchées vers l'arrière, la peur. Un chaton avec des oreilles aplaties montre qu'il est prêt à se défendre.

? Est-il vrai que la mère des chatons leur indique quelle est la proie qu'elle ramène dans le nid ?
Il semblerait bien. Les petites proies inoffensives, comme les souris, sont signalées par la mère par un ronronnement clair. Les proies potentiellement dangereuses, comme celles qui ont été chassées (rats ou autres) sont annoncées par un cri.

? Notre chaton a visiblement peur de nos enfants. Quand nos filles essaient de le prendre dans leurs bras ou de le câliner, il s'enfuit, et reste replié sur lui-même en leur présence. Comment lui faire comprendre qu'Anna et Lisa ne lui veulent aucun mal ?
Elles peuvent le faire elles-mêmes en le laissant d'abord tranquille pour qu'il soit complètement détendu. Elles doivent savoir que les chatons ont peur des mouvements qui viennent brusquement d'en haut. De la même façon, il peut s'effrayer si elles veulent le tenir contre sa volonté ou si elles le poursuivent, même pour le câliner. Montrez donc à vos

enfants comment gagner la confiance du chaton : en faisant des jeux « non physiques » avec la canne à pêche ou avec des balles, à une certaine distance et en parlant doucement et avec une voix apaisante.

Nos deux chats de six mois se battent comme des chiffonniers. Dois-je intervenir ?

Au lieu d'intervenir directement, mieux vaut prévenir si l'espace entre eux diminue. Vous voyez déjà comment les deux se placent face à face ou en angle par rapport à l'autre et commencent à se regarder mutuellement. Vous pouvez également voir le jeu de leurs oreilles et de leurs queues. À ce moment-là, l'attaque peut être détournée par la proposition d'un jeu. S'il est temps de manger, vous pouvez dresser la table de vos chats, qui, s'ils sont affamés, oublieront vite leurs rancœurs.

Notre chaton (de huit mois) est malheureusement sourd, mais s'exprime normalement. Comment est-ce possible ? Nous, les hommes, entendons avant de pouvoir parler.

Contrairement aux enfants humains, les chatons n'ont pas absolument besoin de maîtriser l'audition avant d'acquérir le langage. Même des animaux nés sourds possèdent toute la palette des expressions. Les chatons présentant des troubles du langage existent. Il s'agit la plupart du temps d'animaux qui ont été séparés tôt de leur mère et de leurs frères et sœurs. Ils n'ont pas pu apprendre au cœur de leur famille et ne savent pas comment répondre à certains signaux ni quelle réaction adopter vis-à-vis de leurs congénères. De tels animaux n'ont souvent aucune idée des signes de politesse ou d'apaisement.

Depuis que j'ai entendu dire que la patte relevée d'un chat est un signe d'avertissement, je me demande si notre chaton ne se trompe pas. En effet, il relève toujours la patte quand il veut jouer ou être caressé.

Ne vous inquiétez pas, ce n'est pas une erreur. La patte relevée avec les griffes rentrées est une invitation à jouer. Les « maneki neko », ces chats japonais qui portent bonheur font le même geste. On les voit souvent dans les boutiques et les restaurants japonais. Leur patte relevée invite les gens à rentrer.

8. Un problème : que faire ?

Vous avez des difficultés avec votre chaton ? La plupart des tracas peuvent être résolus avec de la patience. Une fois la crise passée, la relation avec votre chaton sera consolidée.

Chaton, crise et conflits

Un chaton effarouché, un rebelle difficile à éduquer ou un chaton qui dédaigne sa gamelle – les hommes ne sont pas les seuls confrontés à des problèmes. Mais Minou est le premier à avoir besoin d'aide.

VOUS CRAQUEZ pour un chaton qui n'a pas reçu une éducation idéale quand il était petit ou qui a eu de mauvaises expériences avec les hommes ? Pauvre matou ! Au lieu d'être en confiance, il vient avec une crainte qui ne disparaît qu'au bout de plusieurs semaines. Il n'est pas pour autant nécessaire de vous résigner si votre compagnon évite pendant longtemps les contacts et disparaît sous le canapé ou en haut de l'armoire dès que vous l'approchez. Il faut se faire à l'idée que son comportement ne peut pas changer du jour au lendemain. Procédez donc étape par étape.

Beaucoup de patience

Accordez à votre chaton le droit de se cacher, voire rendez-lui sa cachette confortable (en plaçant quelques coussins sur l'armoire ou une couverture sous le canapé). Évitez les contacts visuels si vous êtes dans la même pièce.
Mon conseil : Rapprochez-vous de lui de manière détournée, car une approche directe serait perçue comme une menace. Asseyez-vous sur le sol ou accroupissez-vous et proposez-lui de la nourriture dans votre main tendue. Parlez-lui très doucement. Avec le temps, il osera se rapprocher de vous. Laissez Minou vous sentir la main tant qu'il le souhaite avant de le caresser brièvement. Vous pouvez l'inviter à jouer avec une canne à pêche. Cela vous permettra de rester à distance et d'inviter le chaton à se rapprocher sans pour autant l'y contraindre. Le moment venu, il renoncera à sa timidité.
Être tolérant : La prudence n'en reste pas moins de mise pendant quelque temps. Ainsi, il vous faudra accepter que votre chaton n'aime pas être pris dans les bras.

Les premiers jours, se cacher est tout à fait normal. Mais si le petit tigre reste plus longtemps sous le canapé, c'est qu'il a un problème, et ses maîtres aussi.

La corruption est permise

Même un chaton prudent peut un jour venir sur les genoux pour faire un câlin et sans être pris de panique si on le soulève. Vos efforts doivent être concentrés sur l'incitation positive (→ page 94) : ainsi, gardez des gouttes de levure ou d'autres friandises dans votre poche et récompensez votre chaton dès qu'il a le courage de se laisser toucher, quand il vient sur les genoux, qu'il se laisse gratouiller ou qu'il accepte sans protester d'être pris dans les bras le temps de quelques pas. Vous pouvez aussi essayer de faire comprendre cela à votre matou (→ pages 101-102).

Le chaton, ce destructeur

Votre chaton a déjà bien compris où se trouvait l'arbre à griffer, mais cela ne l'empêche pas, après quelques semaines, de s'en prendre aux meubles, aux tapis et à la tapisserie, de préférence quand vous ne le voyez pas et que vous ne pouvez pas lui dire « non » et/ou utiliser le pistolet à eau. Protégez donc les zones les plus menacées (→ pages 96-97) et enquêtez sur les causes de son geste. L'arbre à griffer se trouve-t-il au bon endroit, votre chaton trouve-t-il une occasion de se faire les griffes entre l'endroit où il mange et celui où il dort ? Si votre compagnon fait ses griffes en présence de congénères, c'est peut-être aussi pour signifier sa domination sur le territoire. Il peut parfois être utile d'augmenter le nombre de surfaces à gratter (par exemple en utilisant du carton ondulé peu coûteux). De la même façon, l'incitation positive nécessite plus d'un essai.

La faute à l'ennui

Ce petit casseur ne ressent peut-être que de l'ennui. Dans ce cas, assurez-vous que son environnement contient suffisamment d'objets stimulants, qu'il puisse s'installer sur des plateformes d'observation intéressantes et que les jeux communs ne soient pas trop

LE SAVIEZ-VOUS ?

La musique peut faire du bien aux chats solitaires

Allumez la radio si vous devez laisser votre chaton seul. Ces sons doux et harmonieux, à un volume normal, calment et rassurent votre compagnon. Précisons que toutes les musiques n'ont pas cet effet apaisant. Optez pour une station de musique classique ou de la pop mélodieuse. Les rythmes sauvages du rock ou des récitals de chant lyrique ne sont pas tellement appréciés des oreilles sensibles des chats.

Il arrive que l'ennui transforme de gentils chatons en **chats à problème.** Avec un peu d'imagination, vous pourrez accomplir de grandes choses.

courts. Un chaton amené à rester souvent seul à la maison peut exprimer de cette façon qu'il aimerait avoir un camarade de jeux. De la même façon, un chaton qui monte sur les murs (ou sur les rideaux) a probablement ce genre de problème : il se montrera peut-être particulièrement doué à l'apprentissage de la laisse (→ page 102) et appréciera les sorties avec vous et l'enrichissement de son monde.

Proposer de la variété

Des surprises occasionnelles aideront votre chaton à lutter contre l'ennui : offrez-lui un carton avec trous qui sera pendant un moment sa cachette favorite ou mettez à sa disposition un grand sac en papier (découpez les anses au préalable). S'il reste de l'herbe à chat sèche au fond, votre chaton y plongera volontiers. Un vieux chiffon ou des chaussettes cousues ensemble que vous aurez laissés quelque temps au préalable dans un gobelet fermé rempli de valériane feront un jouet amusant. Minou fera de son mieux pour l'atteindre avec ses dents et ses pattes arrière.

Plantes fatales

Vous avez banni les plantes dangereuses de la portée de votre chaton et avez mis à sa disposition de la verdure et de l'herbe à chat. Cependant, cela n'empêche pas le coquin de s'en prendre aux fleurs coupées et aux plantes en pots, sans que le jet d'eau ou les refus ne l'en dissuadent. Le cliquètement d'une boîte en métal n'a aucun effet. Remédier à sa mauvaise éducation semble ici difficile, mais vous pouvez par exemple placer les plantes et les fleurs dans des vitrines refermables. De plus, on trouve dans le commerce des jardinières suspendues à installer de manière à ce que votre ami ne puisse pas y accéder. Si votre petit coquin est attiré par la terre des bacs de plantes, il pourrait être utile d'y placer du gravier ou de la couvrir de plastique (disponible dans le commerce). Si votre chaton utilise la terre des fleurs pour faire ses besoins, peut-être que sa litière ne lui convient plus. Essayez donc de la remplacer progressivement par une litière aux grains moins durs.

Un jeu solitaire difficile peut aider votre chaton à surmonter l'ennui.

Les mauvaises habitudes

1 **La chasse aux mollets :** Un chaton qui s'ennuie, qui ne peut pas mener à bien ses envies de chasse est presque contraint à de telles idées. Le remède : beaucoup de jeux !

2 **Griffer les meubles :** Pour sauver ce bon vieux canapé, il faut détourner sur d'autres objets l'envie de se faire les griffes.

3 **Tirer sur la nappe :** La table est mise… Il est probable que cette bêtise soit la manifestation de l'ennui de votre chaton.

Mendier à table

Les bonnes habitudes sont aussi anéanties par de mauvais exemples. Votre chaton bien éduqué n'a peut-être reçu qu'une ou deux fois « exceptionnellement » des friandises de l'assiette de ses maîtres. Pourtant, cela suffit à lui faire oublier ses bonnes manières et à faire de lui un convive indésirable autour de la table. Si son charme n'arrive pas à lui faire obtenir des dons, il va se mettre à exiger sa part avec insistance. Brisez ce cercle vicieux aussi vite que possible. Commencez par vous mettre d'accord avec tous les autres habitants de la maison : dès maintenant, le chaton ne devra plus rien recevoir à table ! De plus, il devra être ignoré s'il se fait remarquer pendant que vous mangez.
Bien entendu, il faudra veiller à ce qu'il y ait de la nourriture dans sa gamelle (et si possible dans son estomac), avant de vous mettre à table. Mendier est beaucoup moins intéressant quand on a le ventre plein. Évitez également de laisser des aliments sans surveillance sur la table ou sur le plan de travail, n'oubliez pas que vous avez à faire à un chasseur !

Une pie voleuse

On ne le dira jamais assez souvent : pour un chasseur, voler n'est pas un acte répréhensible ! Quelques astuces vous permettront de changer certaines habitudes si votre compagnon se comporte comme une pie voleuse. Si vous surprenez votre petit voleur en flagrant délit, il faudra naturellement l'empêcher de voler ou lui retirer sa proie. Sinon, ne lui donnez aucune opportunité de voler et rangez donc tout ce qui pourrait tomber entre les pattes de Minou. C'est certes contraignant, mais cela vous permettra également de maintenir l'ordre à la maison. De fait, votre chaton contribue aussi à l'éducation de ses maîtres !

Non, je ne mange pas ça...

Votre chaton se révèle être un mangeur difficile : il avale sans envie quelques bouchées ou se détourne avec mépris de sa gamelle ? Il n'accepte que ses aliments favoris ou un seul type de nourriture ? Commencez donc par rechercher la cause : votre chaton est-il toujours en bonne santé et gai ? Alors, vous pouvez supposer que son refus de se nourrir n'est pas physiologique. Sa zone de repas est-elle au calme, votre chaton bénéficie-t-il de suffisamment de stimulation, de dialogue et de mouvement ? Cela veut probablement dire qu'il dispose d'un appétit sain et que le problème est ailleurs. Auriez-vous élevé votre chaton de manière à le rendre difficile ? Si vous lui proposez autre chose dès qu'il n'a pas l'air emballé par sa gamelle, c'est peut-être le cas. Peut-être que votre table est trop généreusement garnie et que vous remplissez tout de suite sa gamelle de vos repas ? Si le petit malin remarque que ses demandes lui rapportent de bonnes choses, il recommencera. Ne vous laissez donc pas manipuler. Le petit difficile ne renoncera pas si vite à sa stratégie. Déléguez donc les repas du chat à quelqu'un d'autre qui ne répondra pas à des exigences spéciales. Et jouez beaucoup avec votre chaton, cela lui ouvrira l'appétit.

ASTUCE

Attention aux préférences

Si votre chaton refuse un certain type d'aliment, cédez calmement à son envie. Cependant, les préférences appellent la prudence : si votre compagnon n'accepte obstinément que la viande, le foie, le thon ou d'autres mets préférés, cette nourriture peu variée peut comporter des risques pour sa santé.

Transports désagréables

Votre chaton se transforme en une véritable anguille dès qu'il s'agit d'entrer dans le panier de transport et gémit plaintivement dans la voiture ? Cela tient essentiellement à un manque d'habitude. Ne perdez pas le courage et soyez patient ! Votre compagnon timide est déjà parvenu à devenir ami avec vous.

Entraînement au panier de transport

Laissez son panier de transport ouvert dans l'appartement accompagné d'une couverture, voire d'un jouet. Votre chaton se rendra de temps en temps à l'intérieur. Dans ce cas, il mérite un compliment et même une petite récompense. En passant le plumeau à travers une fente, faites jouer votre matou et ne lésinez pas sur les félicitations s'il joue avec vous. Fermez brièvement la porte et tendez-lui une friandise à travers la grille. Rouvrez la porte et occupez-vous d'autre chose. Renouvelez l'opération plusieurs fois avant de transporter Minou dans le panier fermé. N'oubliez pas de le féliciter et de le récompenser généreusement si le chaton est calme et n'a pas peur. Vous pourrez progressivement répéter l'exercice en rallongeant le temps de trajet. Si votre chaton quitte brièvement son panier, ignorez-le pour qu'il associe les compliments et les récompenses à ses séjours dans le panier de transport.

« S'il te plaît, j'ai faim ! » Qui se laisse séduire une fois par son chaton ne pourra plus manger tranquille.

Détendu en voiture

Si votre compagnon se laisse transporter dans son panier sans protester, vous pouvez alors vous attaquer à la question de la voiture. Emmenez le panier et le chat en voiture une première fois sans rouler. Faites passer le temps en jouant avec un plumeau, félicitez et récompensez-le s'il participe. Après quelques exercices vient l'étape suivante : des trajets courts dans le quartier. Si le chaton reste calme et détendu, il aura bien mérité un compliment et une récompense. Vous pourrez donc prolonger un peu les trajets. Conduisez prudemment avec ce passager précieux et évitez les marches arrière, les chemins caillouteux et les pavés. Faites comme si les plaintes de votre chaton ne vous dérangeaient pas et restez calme. Si vous emmenez une autre personne, celle-ci doit aussi rester

Mon chaton m'écoute-t-il ?

Vous savez bien sûr que votre chaton ne vous obéira jamais comme le ferait un chien, car ce n'est pas dans sa nature. Vous témoigne-t-il néanmoins du respect ou cherche-t-il encore à tester vos limites ?

Début du test :

- ○ Appelez votre chaton par son nom. Vient-il ou vous donne-t-il au moins une réponse ?
- ○ Après plusieurs mois, trouvez-vous toujours des traces de griffures sur les meubles ?
- ○ Votre chaton se montre-t-il souvent mécontent de sa nourriture et réclame autre chose ?
- ○ Vous laisse-t-il dormir le week-end ou vient-il réclamer son repas de bon matin ?
- ○ Réagit-il quand vous dites « non » ou ne s'en préoccupe-t-il pas ?

Résultat du test :

indifférente et si possible faire jouer un peu le chaton avec un plumeau. Félicitez et récompensez-le s'il se laisse emporter par la détente ambiante et qu'il cesse de protester.

Pas si timide

Votre chaton est pris de panique si vous avez de la visite ? Autorisez-le à se retirer, avec une exception. Les gens affectueux et calmes qui sont prêts à garder votre chat devraient le mettre en confiance pour prévoir ce type de situation. Présentez votre stratégie à votre visiteur et demandez-lui d'ignorer le chaton de toutes ses forces. Ce dernier sera dans la pièce, assis dans son panier de transport et recevra une récompense s'il reste calme et détendu. Au bout d'un moment, sortez-le du panier et prenez-le sur vos genoux. Encore une fois, il sera récompensé s'il n'a pas peur. Prochaine étape : votre invité tend sa main au chaton pour qu'il la renifle. Pas de panique ? Alors, il peut le caresser un peu. Toujours calme ? Il peut lui donner une friandise. Ne vous découragez pas si plusieurs visites sont nécessaires avant d'y parvenir.

Mordre par peur

Si votre chaton a eu une enfance quelque peu difficile, il est armé pour se défendre au mieux. Son corps exprime sa tension et son insécurité. Si votre programme d'adaptation (→ page 121)

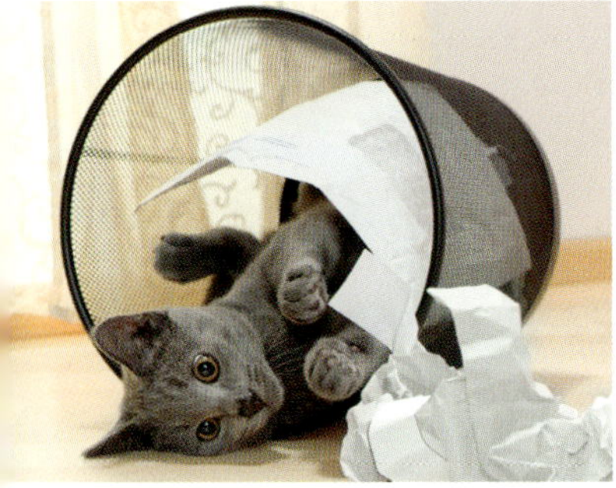

1 **Créatif :** Votre chaton s'amuse en retournant la corbeille à papier. Si vous ne voulez pas qu'il le fasse, optez pour une corbeille munie d'un couvercle.

2 **Chaos :** Votre chaton a découvert son talent de dérouleur. Pour éviter ce chaos dans les toilettes, placez les rouleaux hors de la portée de votre compagnon ou gardez la porte des toilettes fermées.

3 **Alternative :** Un carton rempli de papiers froissés suscitera certainement l'enthousiasme de votre chaton et l'empêchera de s'ennuyer.

n'a pas d'influence sur son comportement, il va falloir procéder plus lentement et avec de plus petites étapes. Mieux vaut rendre les cachettes inaccessibles et offrir au chaton des places où s'installer qui lui offrent une vue sur ce qui se passe. Dès qu'il cesse de feuler de peur à votre vue, vous avez le droit de l'attirer vers vous en jouant à miauler et avec une canne à pêche. Vous aurez besoin d'une bonne dose de patience jusqu'à ce que la glace soit rompue et que vous puissiez caresser le chaton sans risquer de vous faire griffer et mordre. Pour les cas les plus difficiles, un thérapeute comportemental ou un psychologue pour animaux pourront vous aider (→ Astuce, page 129).

Nouvelles envies de griffer et de mordre

Votre chaton, jusqu'ici gentil, se met soudain à griffer et à mordre ? Dans ce cas, commencez par vérifier son état de santé. Minou a-t-il mal quelque part quand vous le touchez ou le prenez dans vos bras ? Une visite chez le vétérinaire s'impose ! Y a-t-il quelque chose que votre chaton ressent comme oppressant ou menaçant, comme une « attaque de câlins » soudaine ? Vous attaque-t-il plus souvent quand vous jouez à vous battre ? Interrompez la colère du jeu tout de suite, sans crier ni punir et éloignez-vous. Dans vos prochains jeux, n'utilisez plus vos mains nues, mais préférez la canne à pêche et le plumeau. Vous pouvez aussi vous procurer des gants de jeux en animalerie que votre chaton

pourra mordre et sur lesquels il pourra tirer.
L'ennui fait partie des déclencheurs probables des « agressions » du chaton (→ pages 122-123). Heureusement, quelques mesures permettent d'y remédier, en particulier dans les jeux communs. Jouer beaucoup est l'une des meilleures façons de résoudre le problème des attaques au niveau des mollets nus des personnes et autres attaques par-derrière. Ainsi, votre chaton pourra satisfaire son envie de chasse sans que vous n'en subissiez les inconvénients.

Saleté soudaine

Votre chaton était jusque-là un modèle de propreté et vous découvrez un jour des flaques sur le tapis, des traces d'urine sur le rideau ou l'armoire et/ou des crottes près de la litière. Désagréable, n'est-ce pas? Inutile cependant de le gronder. Nettoyez tout de suite les dégâts en profondeur pour éviter que l'incident se répète. Vérifiez donc que le matou est en bonne santé et qu'il n'a pas de problème d'estomac ou urinaire et que cela ne correspond pas au marquage classique lié à la puberté. Dans tous les cas, direction le vétérinaire!
Peut-être que la raison se trouve ailleurs? La litière, son bac, le gravier et son emplacement conviennent-ils? Votre chaton rencontre-t-il des difficultés sur le chemin vers les toilettes? Il se peut que votre chaton proteste contre des changements qu'il n'apprécie pas (→ pages 130 et suivantes). La jalousie suite à l'arrivée d'un nouveau partenaire, trop peu de temps et d'attention de votre côté, de grands changements dans votre maison peuvent faire partie des causes probables. Une attention affectueuse sécurisera votre chaton et le remettra sur le droit chemin.

L'empêcheur de tourner en rond

Votre chaton se transforme-t-il lentement en empêcheur de tourner en rond? Déambule-t-il tel un écureuil sur les étagères chargées et renverse-t-il les corbeilles à papier, le tout accompagné de miaulements? Vos injonctions le font cesser brièvement, mais il recommence très vite. Malin le chat! Il a trouvé le moyen d'attirer votre attention. Restez détendu et ignorez cet empêcheur de tourner en rond, il ne fait rien de mal! Stimulez la créativité de votre chaton en lui proposant des jouets particuliers : des rouleaux de papier absorbant ou de papier toilette à dérouler ou un carton rempli de papier froissé dans lequel plonger. Félicitez votre petit tigre s'il s'amuse tranquillement. Avec le temps, il optera lui-même pour ce comportement positif.

ASTUCE

Le bon psychologue pour vos animaux

Les psychologues pour animaux ou les thérapeutes comportementaux, s'ils sont bien formés, peuvent être très utiles pour résoudre certains problèmes. Vous pouvez vous en assurer en vérifiant qu'il fait partie d'une association sérieuse, comme la SFECA (http://www.sfeca.fr/) ou Zoopsy (http://www.zoopsy.com/).

... soudain, tout change

Cela va de soi, les changements inquiètent, surtout s'ils sont soudains. Un chaton a encore plus de difficultés que nous à accepter des changements brusques. À nous d'aider nos compagnons.

VOTRE CHATON a déjà supporté un grand nombre de changements : il a pris possession de son nouveau territoire dans son nouveau foyer, accepté les membres de la famille et il s'est adapté à ce nouvel emploi du temps. Son besoin de changement est ainsi couvert – dorénavant, mieux vaut que cela reste ainsi pour toujours. À vous d'aborder les événements avec prévenance pour entretenir le sentiment de sécurité et de confiance.

Où partir en vacances ?

Si votre chaton a moins de six mois et n'est chez vous que depuis quelques semaines, réfléchissez sérieusement pour savoir si ces vacances ne devraient pas plutôt se dérouler à la maison. Grâce à votre chaton, elles seront bien occupées pendant un petit moment. Quelques mois plus tard, votre chaton supportera mieux d'être séparé deux ou trois semaines de son meilleur ami.

Évitez de l'emmener avec vous sans ménagement : Faire voyager un chaton n'est jamais une bonne idée, car cela représente trop de changements en un temps si court. Un peu plus vieux, votre chaton ne se transformera pas pour autant en voyageur enthousiaste, même si vous passez toutes vos vacances dans votre résidence de vacances.

Minou reste là où il est

En votre absence, le mieux est que Minou reste chez vous.

Aide à domicile : Une personne parmi vos amis et votre famille et connaissant déjà votre petit chaton peut-elle emménager chez vous le temps de vos vacances ? Pendant votre absence, tout se déroulera (presque) comme d'habitude.

Soins ambulants : À l'âge mûr de dix à douze mois, il devient possible de s'occuper de votre chaton sans rester avec lui : une personne de confiance peut passer deux ou trois fois par jour pour le nourrir, nettoyer sa litière et passer un peu de temps à jouer et à le câliner. Si vos voisins, vos amis ou vos proches ne peuvent pas vous rendre ce service, vous pouvez opter pour quelqu'un d'autre. Votre vétérinaire ou votre association de protection des animaux locale pourront peut-être vous renseigner. Vous trouverez sur Internet des « bourses aux animaux » gratuites et régionales dans lesquels des amis des animaux proposent leurs services (réciproques). Attention, il est possible que personne ne contrôle les annonces. Si vous trouvez quelqu'un près de chez vous, convenez d'une rencontre en terrain neutre et apprenez à vous connaître. Garder un chat est avant tout une question de confiance.

La jalousie à l'égard d'un bébé ne posera pas de problème si votre chaton reçoit suffisamment d'attention.

Changement de décor en douceur

Chez des proches : Si Minou ne peut pas rester à la maison, cela veut dire qu'il va changer de décor. Pendant vos vacances, il part vivre chez des amis ou de la famille. Donnez à votre chaton des jouets, un coussin et une couverture ainsi que, si c'est possible, un arbre à griffer de chez vous qui possède une odeur familière. Vous pouvez aussi lui laisser un t-shirt ou un vieux pull porté.

Dans une pension pour animaux : Tant que le système immunitaire de votre chaton n'est pas prêt, c'est-à-dire au bout d'un an et demi, Minou ne doit pas aller en pension. Même dans des établissements très bien gérés qui n'acceptent que des animaux vaccinés et traités contre les vers, les infections ne sont pas inévitables. Un chaton enrhumé gâche le plaisir de ses propres vacances.

Déménagement à venir

Votre matou vient tout juste de s'acclimater et voilà déjà qu'un déménagement est prévu. Quelle source de stress ! Et quel sentiment d'insécurité pour votre chaton ! Réfléchissez à la façon dont vous pourrez épargner au mieux un énervement inutile. Une préparation en douceur accomplira déjà la moitié du travail. Procurez-vous le plan de votre nouvel appartement et imaginez la place de chaque chose et la façon dont vous pourrez disposer les meubles afin qu'il ressemble à votre logement actuel. De cette façon, vous faciliterez grandement le changement de décor de votre chaton.

Un bébé est annoncé

Nous ne l'avions pas prévu, mais en sommes très heureux, nous allons avoir un bébé ! Je crains surtout que notre vieux chat de huit mois devienne jaloux, car jusque-là c'est lui qui était au centre de notre attention. Dois-je écouter les conseils de ma mère et donner Frodon ? Il n'y aucun risque de toxoplasmose, j'ai déjà passé le test.

C'EST FORMIDABLE que vous ne couriez pas le risque d'attraper la toxoplasmose (→ pages 85-86). Si vous le préparez bien aux événements à venir, sa jalousie ne devrait pas être un problème. Naturellement, la situation n'est pas simple pour votre matou. C'est un grand changement et il fait partie de ceux que les chatons n'apprécient pas. De plus, son statut d'« enfant de la maison » est menacé. Il le ressent et de ce qui va se passer.

Une préparation en douceur

Habituez Minou en douceur aux changements futurs. Il n'aura pas peur des cris du bébé si vous lui en avez fait entendre bien avant la naissance. Vous pouvez éventuellement associer ces écoutes à une friandise, pour créer un lien positif. Au lieu de recourir aux bandes sonores, vous pouvez aussi inviter une amie déjà maman pour que Frodon entende un bébé « en vrai ».
Même s'il vous en coûte, diminuer le temps de jeux et de câlins fait aussi partie de la préparation et Frodon pourra se faire à l'idée que la place sur vos genoux n'est pas accessible en permanence. Habituez-le avant que bébé soit là et que vous n'ayez plus de main libre pour votre chaton pour que Frodon puisse s'acclimater lentement au changement. Offrez-lui néanmoins la même attention qu'avant et laissez-le participer à l'arrivée de votre enfant. Agencez par exemple la chambre d'enfant bien avant la naissance et faites ensemble un tour d'inspection. Naturellement, Minet a le droit de découvrir tant qu'il le souhaite le royaume de votre bébé. Cependant, le lit de votre nourrisson reste interdit.

Quand bébé est là

N'enfermez pas Frodon quand le bébé sera enfin là. Bien entendu, il a le droit de renifler le nouveau membre de la famille et il a également le droit d'être là quand vous le changez ou l'allaitez. Parlez alors doucement avec le nouveau-né, mais aussi avec votre félin. Si vous avez littéralement les deux mains pleines, Minou acceptera aussi les caresses verbales et il remarquera qu'il n'a aucune raison d'être jaloux. Cependant, ne laissez jamais votre chaton et votre bébé seuls ensemble.

Le jour J, videz la pièce la plus petite de la maison ou la salle de bain. Placez-y la boîte de transport rembourrée, la litière, le bol d'eau et un peu de croquettes, et pourquoi pas quelques jouets. Avant que les déménageurs ne viennent et que l'environnement soit agité, enfermez votre chaton dans une pièce jusqu'à ce que vous puissiez le sortir dans son panier de transport. Dans sa nouvelle maison, placez-le d'abord dans une pièce au calme avec ce dont il a besoin. Une fois que le tumulte cesse et que les meubles ont presque tous trouvé leur place, votre compagnon aura le droit de sortir de cette pièce et de tout inspecter calmement. Bien sûr, il aura besoin dans les semaines à venir de beaucoup d'attention et d'une routine fiable.

Troubles dans votre vie privée

Si votre famille ou votre couple bat de l'aile, votre chaton aura du mal à le supporter, car il voit souvent (avec raison) que la stabilité de votre relation est menacée. Si vous lui expliquez le plus tôt possible l'orage qui règne dans l'air ou les tensions ambiantes, cela fera du bien non seulement à votre couple, mais aussi à votre ami à quatre pattes.

Séparation

Il arrive parfois que la meilleure volonté ne suffise pas et que la rupture soit inévitable. C'est une situation difficile pour vous et pour votre chaton.
Cela vaut néanmoins lorsqu'un lien était créé avec l'ex-partenaire. Votre

▲

1 **Vacances :** « Quand les hommes mettent des choses dans une valise, c'est qu'ils s'en vont longtemps. Je vais tout sortir. » Les chatons ne peuvent pas gagner face à l'envie de voyager.

2 **Changer de cadre :** Un déménagement fait partie des grandes crises de la vie d'un chat, car le monde en lequel il a confiance s'effondre. Un peu d'anticipation permettra d'éviter beaucoup de stress à votre chaton.

▼

« Homme, joue avec moi ! Cela atténuera beaucoup la gravité des problèmes. »

chaton peut alors être rongé par le regret et le montrer par des comportements gênants et dérangeants (→ pages 128-129). Accordez beaucoup d'attention à votre petit chat, jouez avec lui et passez ensemble des heures à vous faire des câlins, cela vous consolera également.

Un nouveau partenaire

Si vous retombez amoureux, il n'est pas dit qu'il en va de même de votre chaton à l'égard du nouveau venu. Il est même probable qu'il le perçoive comme un intrus sur son territoire qui menace ses droits. Quelqu'un qui vous aime acceptera néanmoins le matou comme un membre de la famille et construira avec lui une bonne relation. Expliquez-lui donc les préférences de votre chaton et ses prérogatives afin d'éviter les malentendus (occuper son siège préféré, imposer brusquement une interdiction d'aller dans le lit, etc.). Le « nouveau » a le droit et le devoir de chercher à s'attacher l'affection de votre petit colocataire, mais il ne doit pas le forcer. Un jour le petit matou viendra vers lui tout seul, un geste qui mérite des félicitations et une récompense. Si les réticences du chaton ne disparaissent pas devant tous ces efforts, cela peut être utile d'amener votre compagnon à s'en occuper pendant quelque temps. Ce qui veut dire : le nourrir, jouer avec lui, nettoyer sa litière, le caresser et lui donner des friandises, car l'amour passe aussi par l'estomac.

ASTUCE

Atténuer la jalousie

Votre chaton a tendance à être jaloux, du bébé qui arrive, de votre nouveau partenaire, d'un nouvel animal domestique ? Dans ce cas, occupez-vous avec beaucoup d'amour de votre matou si l'objet de sa jalousie est dans les parages. Sinon, ignorez-le complètement. Le chaton comprendra rapidement : « Quand le nouveau est là, tout va bien pour moi. »

Un deuxième chaton arrive à la maison

Au début vous étiez contre le fait d'avoir deux chats, mais maintenant c'est sûr : un deuxième chat sera l'idéal pour votre petit colocataire. Peu importe les jeux que vous lui proposez, vous ne pouvez pas remplacer un compagnon de sport avec qui il fera la course et des combats. Et puis à deux, on s'amuse plus dans la maison…

Le meilleur moment : N'attendez pas trop longtemps, les chatons s'acclimatent plus facilement l'un à l'autre s'ils sont jeunes (jusqu'à sept mois). Ils considèrent le chaton comme un compagnon de jeu plutôt que comme un rival. Vous pouvez les réunir après les avoir présentés l'un à l'autre. Cela ne pose pas de problème si le nouveau chaton est beaucoup plus jeune que le maître des lieux : ce dernier prendre généreusement le cadet sous son aile. Le nouveau venu considérera alors son camarade de jeux plus âgé comme un professeur et copiera certains de ses gestes. Si vous avez élevé votre premier chat comme un modèle d'éducation, c'est parfait !

Faire garder son chaton

Vous voulez partir en vacances et laisser quelqu'un d'autre s'occuper de votre chaton ? Vous pouvez écrire ici tout ce que votre remplaçant a besoin de savoir. Votre compagnon sera ainsi soigné au mieux en votre absence et vous pourrez profiter pleinement de vos vacances.

Mon chaton s'appelle :

Quelques-unes de ses caractéristiques physiques :

Ce qu'il aime manger :

À chaque repas dans cette quantité :

L'heure de ses repas :

Des friandises de temps en temps :

Les aliments sont rangés à cet endroit :

Pour nettoyer la gamelle :

Comme boisson :

Emplacement de son bac à litière :

Pour le nettoyer :

La litière propre est rangée à cet endroit :

Pour se débarrasser de l'ancienne litière :

Il aime particulièrement être gratté doucement à cet endroit :

Ce qu'il n'aime pas du tout :

Les jeux qu'il préfère :

Ce qu'il n'a pas le droit de faire :

Autres points importants :

Son vétérinaire :

L'adresse et le numéro de téléphone où l'on peut me joindre :

INDEX

Les numéros de pages **en gras** renvoient à des illustrations.

ASSOCIATIONS

Fédération internationale féline (FIFe)
17, rue du Verger
2665 Luxembourg
www.fifeweb.org (angl.)

Fédération féline française
2, square Georges-Contenot
75012 Paris
Tél./fax : 01 46 28 26 09
www.fffeline.com

Fédération féline helvétique (FFH)
Büntacher 22
5626 Hermetschwil
Suisse
www.ffh.ch

Société protectrice des animaux (SPA)
39, boulevard Berthier
75847 Paris Cedex 17
Tél. : 01 43 80 40 66
Fax : 01 47 63 74 76
www.spa.asso.fr

Confédération nationale de protection des animaux de France
25, quai Jean-Moulin
69002 Lyon
Tél. : 04 78 38 71 85
Fax : 04 78 38 71 78
www.spa-france.asso.fr

Fondation 30 millions d'amis
40, cours Albert Ier
75008 Paris
Tél. : 01 56 59 04 44
Fax : 01 58 56 33 55
www.30millionsdamis.fr

Protection suisse des animaux
Dornacherstrasse 101
4008 Bâle
Tél. : 00 41 61 365 99 99
Fax : 00 41 61 365 99 90
www.protection-animaux.com

Pour un répertoire des associations dans le monde entier
www.worldanimal.net

ENREGISTREMENT

Fichier national félin
112/114, avenue Gabriel-Péri
94246 L'Haÿ-les-Roses Cedex
Tél. : 01 55 01 08 00
Fax : 01 55 01 08 03

PENSIONS

Annuaire des pensions pour chats
www.dogsitter.fr

QUESTIONS MÉDICALES

Association française des vétérinaires pour animaux de compagnie
40, rue de Berri
75008 Paris
Tél. : 01 53 83 91 60
Fax : 01 53 83 91 69
www.afvac.com

Société vétérinaire pratique de France
Maison des vétérinaires
10, place Léon-Blum
75011 Paris
Tél. : 01 44 93 30 01
Fax : 01 43 79 33 79
www.svpf.fr

France-Allemagne vétérinaire
www.france-deutschland-vet.org

LES CHATS SUR INTERNET

www.catster.com
www.frenchmatou.com
www.chatsdumonde.com
www.sekmeth.net
www.passionchats.com

Et d'innombrables autres sites… les chats sont très bien représentés sur la Toile.

REMERCIEMENTS

Le photographe et l'éditeur remercient l'entreprise de carrelage IM HOF, à Salz (Allemagne), pour la fontaine à chat reproduite page 70, ainsi que la société TRIXIE, à Tarp, pour le sac de transport de la page 111.

Le photographe et l'éditeur remercient les personnes qui nous ont laissés photographier leurs chatons pour l'illustration de ce livre.

Le photographe

Oliver Giel s'est spécialisé dans les photos de nature et d'animaux. Outre la production de livres et de magazines, il réalise des calendriers et des promotions sur les thèmes de la nature et des animaux. Sa compagne Eva Scherer lui apporte une aide active. Pour en savoir plus sur son studio photo, rendez-vous sur : www.tierfotograf.com.

Crédits photographiques

Toutes les photographies de ce livre sont d'Oliver Giel, à l'exception des suivantes :
Animals-Digital : 123
Arco Images : 11-1
Cogis : 27-1
Juniors : 12, 21, 24-1, 24-2, 24-3, 25-3, 26-2, 26-3, 27-2, 28-2, 34, 49
Okapia : 9
Premium Stock : 10
Jürgen Römer : portrait de l'auteur
Schanz-fotodesign.de : 27-3, 28-1, 28-3, 29-2
Heinz Schmidbauer : 11-2
Monika Wegler : 5-2, 6, 7, 15, 16, 29-1, 29-3, 30, 31, 32, 39, 48, 51, 60, 62, 80-2, 85, 120
Jana Weichelt : 2-2, 13-1, 13-2, 13-3, 38, 57, 103, 108

Édition originale
Publié pour la première fois sous le titre *Mein Kätzchen*

Rédaction : Waltraud Flöter, Gerdi Killer, Cornelia Nunn, Jutta Weikmann
Maquette intérieure : independent Medien-Design
Repro : Longo AG, Bozen

Édition française

Traduction : Céline Petit
Réalisation : Philippe Brunet / PHB

Hachette Livre – 43, quai de Grenelle – 75905 Paris Cedex 15

ISBN : 978-2-501-07129-1
Codification : 4051884
Dépôt légal : mai 2011
Édition 01

Imprimé en Espagne par Gráficas Estella

PURINA
Friskies
Donnez à votre chaton
le meilleur départ dans la vie !
1
2
3